GANA mas, compra MEJOR, DIRECTO de china.

Escrito por Manoj Shivnani

www.agentedecomprasenchina.com

Manoj Shivnani

CONTENIDO

Gana mas, compra Mejor, Directo de china

Manoj Shivnani

0. INTRODUCCION.

Gana mas tiempo, mejora tu toma de decisiones, y gana mas dinero comprando mejor. Esa es la promesa de este libro.

Gracias por adquirir este libro. Acabas de demonstrar que eres una persona lista y que sabe ganar dinero. Este libro y el coste insignificante que has pagado por el te va a enseñar mas a ganar dinero de china que cualquier otro curso de 300-900 euros que hayas pagado. En internet hay muchos "payasos" que prometen mucho, la gran mayoría tienen o cero o una experiencia limitada de 5 años. Hay algunos que dicen que no trabajes con alguien que tenga menos de 10 años de experiencia. Pues yo tengo 25.

En este libro he intentado plasmar mi experiencia de mas de 25 años dedicado al comercio exterior primordialmente con China. En estos 25 años he pasado por todas las facetas, desde importador joven a los 23 años (mi primera importación de parafina de cera desde Alemania), a mi primera exportación de peluches a los 24 años (cuando estaba ya viviendo en Hong Kong), a mi labor como agente de compras e intermediario de comercio desde el año 2008.

En todos estos años he siempre tenido una máxima. Tener mas información.

Riesgo = Falta de Información

Cuanta mas información tienes, menor el riesgo. No hay mas. Mi labor como buen comprador que soy ha sido siempre la de poner el énfasis en tener mas información para poder comparar y mejorar mi toma de decisiones. Y para poder tener mas información, hace falta mas tiempo.

Mas tiempo para poder recopilar esa información y mas tiempo para poder analizar dicha información. ¿Y como se hace mas tiempo? Se hace mas tiempo yendo al grano. ¿Para que reinventar la rueda si el trayecto ya este hecho por mi y por otros? Se listo, ni tu ni tu cliente tenéis tiempo que perder. Copia y pega, usa todo lo de este libro para avanzar en tu objetivo de ganar mas dinero.

No te prometo que acabes siendo un PRO. Eso solo llega con la experiencia. Lo que, si te prometo, es que después de leer este libro, aparentaras ser un pro, y lo mas importante, sabrás que estas haciendo mal, sabrás resolver y eliminar problemas antes de que ocurran, y, sobre todo, sabrás como comprar mejor de China.

Y de eso va este libro. En este libro te enseño esos atajos y "shortcuts" para que puedas hacer y hacerte esas preguntas claves que te llevaran a ganar mas dinero directo de china. Como todo en la vida, aquí también se cumple la ley de Pareto, ese 20% de acciones y atajos te darán el 80% del resultado.

¿Y porque he escrito este libro?

Primero, porque es algo que siempre he querido hacer. Siempre he querido "ayudar a acortar la curva de aprendizaje" de los demás. Siempre me ha gustado la figura del mentor y coach. Alguien que ha pasado por todo antes y que te puede ayudar a llegar a subir de nivel en menor tiempo.

Yo he tenido mucha suerte en mi vida. También es verdad que la he buscado y que la hay que buscar. El nacer en una familia de empresarios ya me dio una ventaja temprana, y recuerdo que desde el día que me mudé a Hong Kong con 24 años en 1997, siempre tuve gente dispuesta a ayudarme (gracias al buen nombre y reputación de mi padre). Y eso es lo que intento hacer ahora, dar lo que yo he tenido suerte en recibir.

Segundo, por que desde el punto de vista de marketing es bueno para mi negocio. El hecho de que estas leyendo este libro y que le saques partido, significa que hablaras a otros de el, y no hay mejor marketing que el boca a boca. Además, el libro es la primera "piedra" en la construcción y elaboración de mis cursos de formación, ya que el feedback del libro me ayudara en mejorar los cursos donde enseño con casos prácticos y en vivo a comprar mejor y ganar mas dinero de China.

He intentado hacerte la vida lo mas sencilla posible y por eso incluyo en muchos capítulos enlaces a videos donde puedes ver, escuchar y absorber toda la información con ejemplos claros. Además, en muchos capítulos incluyo recursos gratuitos y sobre todo prácticos para descargar con tal de que puedas implementar de inmediato todo. Y son los mismos recursos que nosotros usamos a diario desde agentedecomprasenchina.com

Este no es un libro de cuentos ni fabula.

He hecho los capítulos lo mas corto posibles y me he centrado en ese 20% de información relevante. Este es un libro hecho a conciencia para que puedas leer un capitulo y puedas tomar acción de inmediato, sea negociar mejor, sea buscar la fabrica correcta o sea hacer un estudio de muestras.

Con esa premisa en mente, incluyo muchos enlaces (al final del libro, además, tienes la colección de todos los enlaces) donde puedes descargarte todos los recursos que uso yo, desde un borrador de contratos, hasta los borradores para inspecciones, hasta preguntas claves en ingles, etc., etc.

He intentado además seguir una secuencia cronológica y lógica en los capítulos, que se resume en pasos para tener en cuenta antes de la compra, durante la compra, y post la compra. Gana mas tiempo, mejora tu toma de decisiones, y gana mas dinero comprando mejor. Esa es la promesa de este libro.

Antes de acabar, mis mas sinceras gracias y afecto a 3 personas que me han animado a escribir este libro.

Manoj Shivnani

Gracias David Díaz Robisco

(www.informacionparalaccion.com) por ser un amigo, por siempre estar disponible, por enseñarme tanto en tu curso de LinkedIn, por darme las plantillas para poder editar este libro, y sobre todo por estar constantemente pendiente de mi.

Gracias Josemaría Soler

(www.webmaster.digital) por ser un "peleón", por siempre darme consejos prácticos, por buscarme siempre palabras claves, y por siempre "picarme" para ver quien sacaba el libro antes. Lo siento Josemaría, pero esta vez gane yo ☺, (y estoy ansioso por leer tu libro "la mentira del seo").

Gracias a mi hija Alisha

Gracias por recordarme todos los días con tus palabras y tu forma de ser, que lo único importante es

"CONCENTRATE ON YOUR GAME"

La única forma de progresar y sacar cosas adelante es concentrarse en la actividad y no en el resultado.

Thank you, I love you.

1. ¿MIEDO AL COMPRAR DE CHINA?

Antes de entrar de lleno en materia practica, me gustaría hablar sobre los miedos que suelen tener todos los clientes con los que he trabajado. Esto se resume en que se creen que los chinos son gente de otra galaxia y que la forma de hacer negocios es diferente.

Si que es cierto que la cultura es diferente y que hay que tener estas connotaciones en mente, sobre todo en la forma que tienen de pensar tan cuadriculada. Pero al final al igual que nosotros, son seres humanos con sus miedos e inquietudes.

El importador (especialmente el importador novato) suele pensar que comprar de china es algo súper difícil. ¡¡¡ERROOR!!! Es similar (que no igual) a si compraras localmente.

- El que esta aquí te quiere vender algo y te dirá que tiene el mejor producto del mundo.
- Tu como comprador que eres querrás comprarlo al precio mas barato posible sin que la calidad se vea afectada.

- Como en cualquier lugar habrá gente honesta y no tan honesta.
- Como en cualquier lugar tendrás que negociar el precio, las condiciones de pago, que estándar de calidad aceptas, que pasa si hay un problema con la mercancía, y ante todo tendrás que usar tu intuición para hacer negocios.

Mira el siguiente video donde te muestro como es fácil tener confianza al comprar de China:

Tu misión como comprador es verificar si lo que dice el vendedor tiene lógica o no, para poder minimizar tus probabilidades de que te "metan gato por liebre". Y este es exactamente mi propósito con este libro y mis cursos, el poner en tus manos mas de 25 años de experiencia en un lenguaje que entendería un niño de 5 años.

.

Deja atrás tus miedos. ES FACIL ganar dinero en china. Como todo en la vida, hay unos procesos y preguntas que hacer. Como todo en la vida, hay que saber como "pillar" las reglas del juego y hay que ir ganando confianza.

Lo primero que sugiero para perder el miedo a comprar a china, es que te hagas un DAFO (SWOT en ingles) interno. Te puedes meter en internet, hay miles de plantillas gratuitas y explicaciones de lo que es un DAFO (debilidades, amenazas, fortalezas, oportunidades).

"To know thyself is power"

(conocerse a si mismo es poder)

Averigua primero como eres tu. Eres una persona predispuesta a la venta, eres comprador, te pones nervioso, en que destacas, que te cuesta hacer las cosas, etc. Te has preguntado alguna vez si ¿eres la persona correcta para hacer la compra?, ¿podría ser que el miedo viene de la indecisión o del desconocimiento? ¿podría ser que el miedo viene de haber confiado demasiado en el pasado?

Yo por naturaleza soy comprador y una persona cauta. ¿Sera por eso que me encanta meterme de lleno en una producción donde puedo contrastar si lo que dice el vendedor tiene sentido o no?, ¿será por eso por lo que suelo medir las cosas y hacer pruebas?, ¿será por eso por lo que cuando hablo con mis clientes les traslado confianza ya que saben que no doy opiniones y si consejos?

Solo si tu sabes como eres, podrás de entrada saber como reaccionaras y donde flaqueas para poder empezar a tratar. Recuerda que las empresas no cierran por tener un mal negocio. Cierran por tener a la persona incorrecta en el puesto incorrecto. Esa persona puede que sea la mas honesta del mundo, sin embargo, hay cosas que se le han "venido demasiado grande."

2. ¿CÓMO SABER SI EL PRODUCTO ES MAS COMPETITIVO DESDE CHINA Y A QUE PRECIO MAXIMO DEBERIA DE COMPRAR?

Todo el mundo quiere comprar en china. Y todo el mundo se cree que china es lo mas barato que hay. Esto es cierto, pero hasta un punto.

Hay otros países también donde se puede comprar mas barato o al mismo precio. He aquí unos ejemplos:

Algodón: La India, Portugal, Egipto.

Caucho, Goma: Malaysia, Tailandia

Textil: Bangladesh, La India

Suelen haber dos razones por las que otros países serán mas baratos o igual de económicos que china. Porque la materia prima es de allí (ej. El caucho es mas económico en Malaysia dada su población de arboles), o por que hay ciertas restricciones arancelarias para proteger a la industria local (ej. Hay un antidumping sobre la importación de bicicletas de China haciéndolas mas caras a la hora de importarlas ya montadas.)

El antidumping es un impuesto que se pone a la importación de ciertos productos desde ciertos lugares para hacerlos mas caros y de esa forma permitir a fabricantes locales competir en condiciones de mercado iguales con las importaciones, al subir los costes de importación totales.

Por tanto, es importantísimo antes de embarcarte en comprar, el hacer un estudio de si te interesa comprar de china y a que precio. No voy a entrar en estudios de mercado o marketing, eso es para otros libros. Yo te cuento lo que yo haría.

Primero averiguaría si el producto se fabrica competitivamente en China. Vete a cualquier tienda de un chino o a cualquier centro comercial y averigua donde se producen. ¿Cómo? ...Fácil...dale la vuelta al producto. Por ley todos los productos llevan una etiqueta (o grabado) donde debe de poner donde se ha fabricado el producto. Además, te pondrá IMPORTADO POR..., con ese dato ya sabes que no es de fabricación local.

Después averigua si la industria de ese producto es fuerte o no en China. ¿Cómo? ...Fácil... Mira entre 5 y 10 productos de la misma categoría y mira a ver donde se fabrican. Ej.: si te fijas en fiambreras de cierto tamaño hechas de plástico en cualquier lineal en una tienda en España, observaras que la mayoría están fabricados localmente. ¿Esto que significa? Que no es lo suficientemente competitivo traerlo de china. El fabricante o importador o comercializadora local solo fabricara localmente cuando le sea mas económico que traerlo de fuera. Es tan simple como eso.

La Regla del 5

Tercero, una vez determinado si el producto mayoritariamente viene de china o no, habrá que ver a que precio comprar. Y para esto la forma mas fácil de tener un precio objetivo de partida es seguir LA REGLA DEL 5. Esto nos dará una indicación de cual seria el PRECIO MAXIMO a pagar en origen.

- Ej.: Precio de PVP venta a publico con impuestos incluidos es de 1 euro.
- El precio en origen deberá de este alrededor de 20 céntimos de euro, dicho de otra forma, mas o menos entre 21-23 céntimos precio FOB en dólares. (Sobre FOB

hablamos en los capítulos siguientes, pero básicamente significa puesto en el puerto de origen.)

No le des mas vueltas. Divides en 5 y ya esta. ¿Como llegamos a esto?

Tenemos que asumir los márgenes de la cadena de suministro:

20% impuestos

35% margen comercial tienda

15% margen comercial mayorista

25% margen comercial importador

5% gastos portuarios, transporte internacional, cambio de moneda

Mira el siguiente video donde te muestro como de fácil es tener un precio objetivo para negociar:

Siguiendo esta regla de oro no solo aparentaras un experto cuando hables con otros, si no que, además, y esto es lo importante, tendrás una idea mas clara para poder descartar o no rápidamente cuando empieces a recibir ofertas de proveedores.

Con el ejemplo de arriba, es obvio que, si alguien te ofrece el producto a 40 céntimos, ya sabes de entrada sin tener que hacer ningún calculo que nunca te entrara en costes para que la tienda lo pueda vender a 1 euro.

Usa la cabeza. Puede haber una variación en costes, y aunque seas el mejor negociador del mundo, podrás bajar todos los costes de la cadena de suministro un 5-10-15% mas, pero nunca un 50% mas. Ni Superman podría… por tanto ya sabes que o la oferta es incorrecta, o el proveedor quiere ganar mucho, o que el producto es diferente al que quieres comprar. Tienes que aprender a comparar manzanas con manzanas y no con peras.

3. ¿COMO ELEGIR EL MEJOR PROVEEDOR CON POCO ESFUERZO, DINERO Y EN POCO TIEMPO?

Esta es una de las preguntas que mas me hacen los clientes nuevos. Es una pregunta que me sorprende y mucho ya que hoy en día con todos los avances de internet, el que no sabe buscar proveedores es porque no quiere.

Una pregunta diferente seria, ¿si los proveedores que elegimos son de verdad fiables o no? Y esta fiabilidad se consigue con unas altas probabilidades de éxito mediante PROCESOS Y PLANIFICACION.

Partimos de una base en la que ya sabemos lo que queremos. Vamos a usar el ejemplo de una mochila de camping (uso este ejemplo porque es de un cliente reciente que acudió a nosotros en agentedecomprasenchina.com para que le asesoráramos)

Este es el típico caso de cualquier cliente con una experiencia limitada en trabajar con china, explicado cronológicamente:

1) Tiene decidido que quiere buscar mochilas de camping y ha visto en Amazon o en alguna tienda lo que quiere. Decide que quiere traer su marca propia y fabricar desde cero.

2) Empieza a meterse en algún portal de china, Alibaba, Alibaba Express, Made In china, etc., etc.

3) Empieza a buscar por mochilas de camping (back pack, travel back pack, bag, camping, etc.)

4) Las búsquedas le darán cientos y cientos de proveedores.

5) Empieza a decidir a que proveedor escribir y/o hace uso del sistema RFQ request for quotation (solicitud de ofertas), es decir, publica una demanda y los proveedores envían sus ofertas.

6) Empezara a recibir muchos correos, desde 20-100 dependiendo de que descripción halla puesto en su RFQ.

7) Hasta aquí todo bien. Sin embargo, hay que recordar que quien escribe es un vendedor, y su misión es vender. Puede ser que tengan algo similar o puede ser que digan que lo pueden hacer. Y es posible que den un precio aproximado para "enganchar". No digo que lo hagan con maldad. Es posible que la intención sea buena y que de verdad sepan hacerlo, sin embargo, puede ser (y es lo que suele ocurrir) que, al otro lado del email, hay alguien que no sabe de producción y que "PIENSA" que lo puede hacer.

Hacer, se puede hacer todo en china. Otra cosa es que se haga bien.

8) Y aquí ya empiezan los problemas. Y el error mas grande es, que no se ha sabido pre-cualificar la experiencia del proveedor.

9) Tendrá ofertas de Guangzhou, Xiamen, Zhejiang, Anhui, y posiblemente de otras provincias mas de china. Y tendrá ofertas con una variedad de precios de entre 30-50%. ¡Ufff! ¿Cuál elegir? Y aquí es donde el comprador cae en "la trampa de sus emociones" y empieza a creer que ha dado con la lotería. Esa fabrica que solo conoce el y que es un 40% mas barato que nadie. ¡ERROR!

No hay duros a pesetas.

Mira el siguiente video donde te muestro como de fácil es caer en la "falsa premisa del precio":

Ten una cosa en mente. No puede haber una diferencia entre un proveedor de una zona u otra de mas de un 20-30%. Si la hay algo falla. SI FUERA ASIN, todas las fabricas mas caras se hubieran mudado a la zona mas barata, para ser mas competitivas. ¿Lógico? Por tanto, debe de haber algún otro factor que decide la diferencia de precio. Y esos factores son la calidad del material y la calidad artesanal. No hay mas.

El mismo poliéster tiene miles de variaciones, puede ser 600D x 600D, o 600D x 300D, o con una capa o con 2 capas, etc., etc. Y eso solo un material de un proveedor. Si no clarificas estos datos no sabrás ni lo que compras (para poder hacer comparativas con otros) ni sabrás lo que ellos te van a fabricar.

Mira el siguiente video donde te explico como tener mas certeza de que vamos a comprar lo que queremos comprar:

Además, te puedes descargar la plantilla que usamos nosotros con PREGUNTAS CLAVES y anotar datos significativos:

Mira el siguiente video donde te muestro como incrementar las probabilidades de encontrar la zona del precio correcto.:

Además, te puedes descargar este mapa y articulo donde veras las zonas de típica producción para que puedas saber a que zona acudir:

Entonces, ¿Cual fue el proceso correcto que seguimos en este caso?:

1) Primero se averiguo que quería de verdad el cliente final. La misma mochila se puede hacer por 5 dólares y por 50. A que sector quiere ir el cliente y que de importante es la calidad para el. No es lo mismo hacer una mochila para una promoción que se va a regalar (aquí prima el precio a un % de defectos aceptable que puede ser un 3-5%), que hacer una mochila que se quiere vender a un publico profesional donde la calidad es igual de importante que el precio, y donde mas de un 1% de defectos es inaceptable.

Mira el siguiente video después del cual tendrás mas claridad a la hora de decidir que proveedor es mejor para.:

2) Segundo se tuvo una cosa clara en China, y es que cada provincia suele ser fuerte en algo, y esto ocurre porque suelen instalarse cerca de donde se produce la materia prima. Yongkang en Zhejiang es la zona del aluminio, Hangzhou la de jardín, Shenzhen la de electrónica, etc., etc. Esto no significa que son las únicas zonas. También se fabrica el aluminio en Hangzhou y Wuyi, también se fabrica electrónica en Guangzhou y Anhui, también tienes Xiamen donde se hacen productos de jardín, etc., etc. ¿Y esto que significa? Que dependiendo de la calidad que quieras te tienes que ir a una zona u otra. Como norma general cuanto mas al norte mas barato. La lógica se radica en que la primera zona que empezó a fabricar allá por los años 70 era la zona de Cantón (Guangdong) en el sur de china, y después se fueron abriendo otras zonas en el este y norte para producir mas y mas barato.

3) Hasta aquí todo bien. Sin embargo,

Producir mas barato, no significa producir mejor.

4) En China siempre existe la noción de que si trabajas con el americano, trabajaras con fabricas en Guangzhou y Fujian (sur y sureste). Si trabajas con Europa trabajaras con fabricas en Zhejiang y Fujian. Si trabajas con África trabajaras con Zhejiang y Shandong o incluso mas al norte. Siendo generalista, por ejemplo, a un africano en un país no muy

afluente, le será muy difícil pagar por una mochila fabricada en Guangzhou 20 dólares cuando seguramente su salario es de 100 o 200 dólares mensuales, y posiblemente encuentre una mochila similar de una calidad inferior pero que aparenta ser buena a 7 dólares en la ciudad de Yiwu.

5) En este caso, fue un cliente que buscaba fabricar algo que pudiera vender online y dirigido a un publico de poder adquisitivo medio con una marca nueva. Además, era un producto complicado de hacer, muchos bolsillos y costuras, y con mucha mano de obra. El cliente ya tenia ofertas de varias zonas incluidas Yiwu, Ningbo, Quanzhou, Guangzhou, y no sabia por donde tirar.

6) Sabiendo que el producto era complicado de hacer, y basado en nuestra experiencia se le recomendó SOLO trabajar con la zona de Quanzhou (en la provincia de Fujian). La razón es que es una zona especializada en mochilas. Además, es una zona donde se encuentran variedad de materiales. También es cierto que en los últimos 20 años comprando de la zona de Quanzhou, nunca habíamos tenido problemas.

7) El cliente es quien decide. Esa es una máxima en todos los negocios. Y decidió además hacer muestras de una fabrica en la zona de Ningbo. Al recibirlas decidió seguir el proceso de compras con la fabrica en Quanzhou. Las muestras de la fabrica de Ningbo, eran muy malas.

¿Qué se debe de hacer ahora?

Una vez elegida la zona, ya empiezas con el proceso de negociación. Y para eso tienes que tener una base REAL de posibles precios. Y la lógica en china es que donde hay una fabrica, habrá mas.

Ahora hay que empezar el proceso de contactar con otras fabricas. Enseñarles lo que te han cotizado y sacarles información sobre el coste de material, que certificados hacen falta, etc., etc., para empezar la negociación con tu proveedor actual.
Mira el siguiente video donde te muestro una clave practica a la hora de enfocar la negociación con tu proveedor en china:

4. ¿SOY LO SUFICIENTEMENTE IMPORTANTE PARA LA FABRICA?

Antes de nada, ¿sabes inglés? Si no es así ya vas en desventaja, aunque no desesperes; es importante pero no primordial. De hecho, los mejores clientes que he tenido yo en los últimos 25 años se manejaban con solo dos cosas; la calculadora y la intuición humana.

El chino es chino. Es un ser de otra cultura, con otras nociones de la vida, pero es un ser humano con las mismas preocupaciones, excitaciones y connotaciones humanas que tú o yo. De hecho, si preguntas a cualquier experto en lingüística te dirá que el lenguaje verbal tan solo compone entre un 7-10% de la comunicación humana. El resto son emociones, posturas (lenguaje corporal), intuición, sonidos; etc. (creo recordar que los perros no saben hablar. Entonces, ¿cómo saben cuando estamos tristes?).

Vale, vale, lo sé… Lo he llevado un poco a un tema algo filosófico, pero lo que quiero que entiendas es que el idioma es importante. Si no sabes hablar chino mandarín y/o ingles estas en desventaja relativa. Son desventajas que puedes contrarrestar y delegar.

La ventaja de saber inglés es obvia. No solo te permite comunicarte y expresarte con gente de más de 200 países, sino que, si añadimos que sabes castellano, ya puedes hablar con casi 5 billones de personas. De hecho, el mejor regalo que le puedes dar a tus hijos en este mundo tan globalizado en el que vivimos, son los idiomas.

Al margen del negocio, además te da la posibilidad de conocer, aprender y enseñar a otras culturas; tener comparativas sobre la vida y principalmente tener confianza e independencia. Sobra decir que tus posibilidades de tener un mejor trabajo aumentan considerablemente.

El idioma en china es el chino mandarín. Y la gran mayoría de los jefes de todas las fábricas hablan SOLO chino mandarín (y algún dialecto local). Eso significa que si estás en contacto directo con una fábrica estarás probablemente hablando con gente joven que son vendedores y del departamento de exportación. En algunas fábricas esto está cambiando ya que la segunda generación (es decir, los hijos de los fabricantes) son ya gente que normalmente han estudiado en el extranjero, por lo que hablan inglés a la perfección.

Si estás tratando con un trading no tendrás problema ya que normalmente el jefe hablará inglés.

¿Es entonces, mejor hablar con el jefe o con el comercial?

Depende. No hay una regla escrita y varía caso por caso. Es verdad que como norma es mejor hablar con el jefe ya que sus pedidos siempre van primero en la cadena de producción (por eso es el jefe), pero no siempre se consigue ya que depende de si eres lo suficientemente importante o de si le agradas.

En contrapartida, el hecho de que el vendedor trabaje con una base y comisión puede ser ventajosa ya que él intentará convencer a su jefe de que eres importante y negociará por ti. Ojo, el jefe siempre tendrá el mejor precio; mejor que cualquier vendedor.

Mira el siguiente video donde te lo explico para que puedas incrementar las probabilidades de que el fabricante cumpla en plazos.:

Te tengo que dar una muy buena noticia; si no sabes inglés estás de suerte ya que es probable que el chino esté en la misma desventaja. O no lo habla, o lo habla poco. ¿Te imaginás la conversación?

Algunos puntos importantes que tienes que tener en mente sobre la comunicación con tu fabricante chino

Lo importante es saber que le tienes que hablar como si fueran niños pequeños. Cuantas menos palabras complicadas mejor. Aquí los americanos siempre la fastidian; ellos por naturaleza usan siempre palabras largas y complicadas. No tengo ninguna base científica para decir esto, sólo mi experiencia de más de 25 años, pero creo que la razón es que las habilidades de oído de los chinos no son tan buenas.

Normalmente, los chinos que saben ingles suelen escribir bastante bien el inglés y lo hablan correctamente, pero creo que en las escuelas donde aprenden ingles no practican mucho la conversación y escucha. Y es por esa razón que hay que tener mucha paciencia ya que habrá muchas veces que no te entiendan por tu acento, porque hablas muy rápido, o porque has usado palabras demasiado grandes.

"¿YOU MEAN?"

Segundo punto importante. No te sorprendas de "YOU MEAN", es decir, que después de que digas algo, el proveedor te lo repita en forma de pregunta. Lo que está intentando hacer es validar si te han entendido bien. Por tanto, PACIENCIA.

Es normal que quiera validar, tiene tanto miedo (por cultura, historia o naturaleza) de hacerlo mal que quiere asegurarse de que te ha entendido. Ojo, que también lo hacen en su idioma. De hecho, una de las palabras más usadas en el idioma chino es < ¿Ha oda?> o < ¿Haba hao?> que literalmente significa <OK?> < ¿Me entiendes?>.

También tiene su lógica. El idioma chino es tan complicado con tantas variaciones que ellos mismos están acostumbrados a verificar si se han entendido ellos mismos. ¡Imagínate en otro idioma!

Por ultimo, recuerda que vienen de una cultura diferente con pensamiento lineal. No se te ocurra darles muchas instrucciones a la vez. Recuerda, háblales como si fueran unos niños. Esto creo que es algo más de cultura asiática.

Yo mismo, cuando tengo que dar instrucciones a mi personal, en vez de escribirles un email de una hoja, lo divido y le voy dando varios emails según vayan concluyendo la tarea. Si ellos quieren tener mas información, ya me la preguntarán. Se que, si les doy demasiada información de golpe, se bloquearán. Recuerda que el miedo a fallar paraliza a cualquier ser humano. Si les doy toda la información y razonamiento, lo único que consigo es que se paralicen y no sepan por dónde empezar.

Y antes de acabar, no les dejes pensar, o por lo menos que no tenga opción y que tus instrucciones den menos posibilidad a la interpretación. El proveedor no es tonto, pero su forma de pensar no es la tuya. Para el, el negro puede ser gris. Si lo quieres en negro, dile negro del color pantone código tal (pantone es uno de los códigos internacionales que se usan para cada tipo y grado de color); o muéstrales cual y asegúrate de que te ha entendido (una firma o un documento con copia para ambos). La razón es la siguiente.

Para el es posible que IGUAL y SIMILAR tenga el mismo significado. Para ti hay diferencia. Esto ocurre mucho en tema de colores. Un azul marino es similar a un azul royal oscuro, ¿pero es igual? Puede ser que si tienes unos colores corporativos no te sirva otra pantone diferente. RECUERDALO Y PONLO TODO SUPER CLARITO.

Mira el siguiente video donde te enseño 5 claves para comunicarte mejor con tu proveedor chino, incluso sin saber hablar chino.:

5. ¿CÓMO VERIFICO SI MI PROVEEDOR ES BUENO O NO?

Es indiscutible que, si el proveedor es bueno o no, tiene que ver con muchos factores. Si tiene experiencia; cuántos años lleva en la industria; el personal, los trabajadores; y si obtiene más dinero o no. Al final del día el proveedor chino suele estar (no siempre, pero en su mayoría) más interesado en ganar dinero que en tenerte para toda la vida (él vende al mundo entero y a no ser que seas un Corte Inglés, Amazon, Ikea, o tengas una relación personal con él, eres solo un número). Esto pasa en todas las culturas, negocios y países.

Por ende, la pregunta no debe de ser sólo si es bueno o no (que también es importante) sino, qué probabilidades tengo que el fabricante no me falle en tiempos de entrega o por lo menos, que cumpla ciertos estándares de calidad importantes para mí.

Para ti como comprador es igual de primordial que la calidad sea de un nivel aceptable para ti, además de que no te falle o retrase mucho la entrega. Si no hay mercancía no hay venta; si no hay venta no hay beneficio; si no hay beneficio no cubres tus gastos.

Se realista, somos pymes y pequeños. A no ser que sea un pedido gordo e importante y que esté muy bien atado contractualmente, no va a tener sentido meterte en abogados si falla algo, por lo que tu misión como comprador es la de ser EL NEGOCIADOR COMERCIANTE. Por comerciante me refiero a que tu misión es sacar adelante el pedido sin excepción.

Una cosa es tu misión, y lo tienes que enfocar de esa forma. Es verdad que cuando empecé a trabajar con china allá por el año 1996-97, de 100 pedidos salían 1o 2 mal (incluso no tenías que inspeccionar ya que todo el mundo ganaba dinero y no había razón de engaños).

Hoy de 100 pedidos, en 99 de ellos algo hay que verificar y en 99 de cada 100 hay siempre alguna solución. Si no sigues un proceso similar al nuestro, acabaras con al menos un 30% de pedidos fallidos. Tú mismo has los números en pérdida de dinero, tiempo y sobre todo clientes disgustados.

Lo primero que solemos hacer nosotros una vez ya elegida la lista potencial de fabricantes, es pedir copia de sus certificados de empresa. Esto no nos va a decir nada, es simplemente para saber la respuesta del fabricante. Si tiene miedo en dar esos documentos, si nos da largas o si hace muchas preguntas empezamos a dudar. Tampoco le decimos para que nos hace falta, simplemente le contamos una historia que en el pasado nos han engañado y que por política de empresa primero verificamos si es una empresa de verdad.

Si quieres ir un punto más adelante puedes verificar con una persona confiable de habla chino si el nombre de la empresa es el mismo que se publicitan o si es verdadero el certificado.

También les preguntamos si venden a nuestro mercado. En caso afirmativo, ¿a quién? Habrá veces que te lo digan, habrá veces que no (en este caso tendrás que insistir algo más). Pero muchas veces ellos mismos te dirán, "mira le vendo a este y a este". Eso de entrada puede ser una buena señal, o no. Si venden a una marca de la competencia barata puede ser que te interese trabajar con él, sabiendo que, así como su información va a ti, la tuya irá a él. Puede ser que sea una marca barata y tú busques algo más de calidad. Puede ser al revés. Lo importante es que sepas la calidad que acepta tu mercado y el estándar aceptable de tu cliente.

Pídele certificados. Puede ser que tú sepas que no hacen falta, pero lo que buscas es saber si él lo sabe. Recuerda que si él sabe que hace falta un certificado y si lo tiene, significa que sabe fabricar según el estándar de calidad demandado en tu país.

Otra cosa diferente es si tú lo quieres comprar realmente a ese estándar o no. Ejemplo; tengo un cliente que compra de una fábrica secadores de pelo, los cuales aprueban la norma comunitaria y el ROHS. Pero el precio se le va. ¿Qué hace él?, pues por fuera le pone una etiqueta de 1600W y dentro lleva un motor de 1200W, pero se expide con el certificado de 1600W. ¿Por qué? Porque con el precio real de 1600W no le entra en precio. ¿Es un riesgo? Claro, si mañana le para la aduana y le llevan a la muestra a ensayo puede que tenga que pagar una multa o destruir el conteiner o bien hablamos de cosas mayores si ocurre con algo mas serio.

En este punto lo bueno es que si tiene certificados es que puedes tener la certeza que sabe aprobar la norma mínima exigida en tu país. Puede que el producto no tenga necesidad de pasar esa norma, si te lo dice sabes que conoce de lo que habla. Puede darse la situación a la inversa, que tú sepas que hace falta aprobar la norma pero que él no lo sabe; en tal caso no seguiríamos con la negociación con él.

¿Por qué?, por lo que he explicado anteriormente. Una fábrica no va a modificar su forma de trabajar y cambiar de procesos por un cliente. Y si no puede aprobar la norma es porque o no tiene esos mercados como público objetivo o bien porque sabe que no tiene los trabajadores para eso o bien porque no le interesa.

De acuerdo, ahora ya sabes si la empresa es real; si la fábrica tiene experiencia en el mercado al que te diriges y si es que conocen la calidad que demanda tu producto. ¿Ahora qué?

Ahora empezamos con el juego de saber si el sabe de lo que habla

Para esto, con antelación ya debes de estar un poco informado. Ejemplo, si vas a traer patinetes eléctricos ya sabes que tienen que llevar certificados, pero también deberías de saber de qué voltaje debería ser la batería; de fabricación china, coreana o japonesa. Ya que aquí es donde empezarás a poder comparar "manzanas con manzanas". Antes, se supone que ya tienes experiencia en este producto o que te han asesorado adecuadamente. De lo contrario empieza a informarte. ¿Cómo? Preguntando. ¿A quién? A otros que ya tienes descartados.

Tu misión no es comprarles a los que has descartado, más bien es sacarles información. Te sorprenderá lo lejos que llega una simple pregunta como, "es un producto nuevo y hay tantos proveedores, ¿me puedes decir que calidad usáis y por qué? O simplemente, "me han dicho que la calidad coreana de la batería es mejor. ¿Es verdad?". Te sorprenderá la información que te propinarán.

Recuerda que el vendedor quiere vender e intentará darte mucha información.

De esta forma y haciendo las preguntas correctas, tendrás una base para hablar con quién quieras trabajar. Y no te olvides además de contrastar toda esta información localmente, que te han dicho que la batería coreana es mejor, vete a cualquier tienda local como si quisieras comprar y haz preguntas tontas, "¿qué batería tiene? es que me han dicho que la china es la mejor". Verás como el vendedor te intentará vender y también te soltará información.

Mira el siguiente video donde te enseño 4 pasos para poder verificar tu proveedor chino.:

Recuerda que tu misión es minimizar las probabilidades de fracaso. Cuanto más información menos riesgo.

Por último, es bastante obvio, que la forma más certera de saber si son de fiar es hacer muestras, o recibir muestras de sus productos para probar la calidad. A esto hay que añadir una posible visita a su fábrica.

Manoj Shivnani

6. ¿MEJOR COMPRARLE AL TRADING O AL FABRICANTE DIRECTO?

Muchos, si no la gran mayoría de mis clientes, siempre me dicen lo mismo," que quieren trabajar con fábricas directas". Lo que en realidad me quieren decir es que desean comprar lo más barato posible. Sucede que casi la totalidad de ellos - y suena muy mal lo que voy a decir - no se dan cuenta de que tal vez su negocio no es lo suficientemente apetecible para las fábricas.

El problema radica en que en repetidas ocasiones nos olvidamos de que las fábricas tratan con compradores de muchos países y que lo que nosotros consideramos como un pedido importante, puede que realmente no lo sea para el fabricante.

Te cuento el ejemplo de sillas de playa. Uno de mis clientes compra aproximadamente 3 millones de dólares en sillas de playa. Ocurre que el 80% lo compra a 5 fábricas, pero el 20% lo compra a uno único trading. ¿Por qué? Pues muy simple:

Aunque a priori 3 millones de dólares parezca mucho -y lo es-, también es cierto que se contemplan diversos surtidos. Y ese 20% restante, que son 600 mil dólares, se traduce en 30 contenedores. Es mucho, sí es mucho, pero ese trading embarca 500 contenedores al año. ¿Quién va a tener mejor precio y poder de negociación con esas fábricas? La respuesta es obvia.

En el restante 80% de la compra, un 15% se compra en cada fabrica y ocurre que cada fabrica es de un tamaño pequeño y solo produce 100 contenedores al año. Y por consecuente este cliente le compra unos 15-20, es decir, que es importante para cada fabricante. Por tanto, no solo le dan al cliente buenos precios, si no que además ponen la producción como prioridad en la cola de la producción.

Por tanto, todo depende de si tienes un volumen lo suficientemente significativo. Sí que es cierto que nosotros mismos preferimos trabajar con fábricas directas por una cuestión de que estás en contacto directo con quien fabrica, es decir que tienes más posibilidades de saber y controlar algunos temas. Pero esto también depende del producto.

El fabricante como norma general solo tendrá una línea de productos en su stand en la feria -o en su web-, el que es trading ofrecerá diversos productos.

7. ¿CÓMO SABER SI LA PERSONA CON LA QUE HABLAS TIENE EXPERIENCA O NO?

Lee lo que te responde. ¿Te responde claramente? ¿Falta alguna información? ¿Te ha da demasiados detalles? ¿Estás hablando con el vendedor o con el jefe? Primero pregúntale esto o averígualo. En muchos casos, en la firma de su email ya te lo estará diciendo.

Hazle la siguiente pregunta para ver la experiencia que tiene

"Hola, me llamo xxxx, soy de xxxx, estoy interesado en comprar xxxx producto. La calidad es muy importante para mí, ¿qué marcas vendes en xxxx?"

Si te fijas no le estás preguntando si vende en tu país o no. Lo estás asumiendo.

Recibirás 3 tipos de respuestas

a) La típica en la que te dice "sí, yo vendo ese producto, pero no te puedo decir la marca" ¡ALARMA! qué tontería es esta. Si vendes, no tendrás problemas en decir qué vendes. Y conociendo a las ansias del vendedor chino por vender, le gusta contarlo, por lo que seguramente te lo van a decir. En este caso, donde no recibes respuesta, yo ya empezaría a dudar del proveedor.

b) La respuesta en la que te dice, "sí y vendo a tal y tal marca". Y seguramente te enviará fotos también -y si no pídeselas-. En este caso tienes dos puntos a considerar.

1) Si ya conoces el producto y sus problemas, o sus puntos positivos, hazle preguntas estratégicas para saber si sabe o no. Por ejemplo, "queremos comprar el mismo modelo, pero en motor de aluminio que sabemos que es mejor", (en realidad, el de cobre es mejor que el de aluminio). Si te responde con esto, te aseguras de que estás conversando con alguien que sabe de lo que habla.

2) En caso contrario ya sabrás que no tiene ni idea de lo que habla. Además, si es un producto que no conoces, es tu oportunidad para aprender. Pregúntale, por ejemplo, "¿sabes que hemos hablado con varios proveedores y algunos nos dicen una cosa sobre la calidad y otros algo distinto y estamos algo confusos?

¿qué calidad tiene la marca xxxx y por qué?" Le estás dando a entender que quieres su ayuda. Te sorprenderías de la información que puedes sacar solo con esa pregunta.

c) La respuesta en la que te dice "NO, pero vendo estas marcas en estos otros mercados". Con eso tendrás una indicación del tipo de calidad que ofrecen.

El buen vendedor te dará toda la información que necesitas

En todos los casos, los jefes normalmente te darán la información justa, ellos no tienen tiempo para estar todo el día enviando correos. En cambio, el vendedor te contará su vida entera.

El buen vendedor con experiencia te dará la oferta ya desmenuzada, con su cubicaje y posibles alternativas. El malo te dirá alguna información o se le olvidará darte el cubicaje, además te sorprenderías de las veces que ellos se olvidan de verificar que los cubicajes son correctos o no.

El que tiene experiencia te indicará el tiempo de embarque total, el otro te hablará acerca del tiempo de producción. Son dos cosas diferentes, ya que el embarque incluye los 5-7 días que tardarás en llevar la mercancía al puerto.

Mira el siguiente video donde te enseño un ejemplo de como validar la experiencia del proveedor en unos pasos.:

8. ¿QUÉ INSTRUCCIONES SON LAS MAS IMPORTANTES ANTES DE FIRMAR EL CONTRATO DE COMPRAS?

Nosotros en agentedecomprasenchina.com siempre recomendamos comprar basado en muestras. (OJO, siempre lo recomendamos, sin embargo, hay casos en los que no vas a poder y no te queda otra que dar instrucciones, especificaciones e ir decidiendo sobre la marcha). Me explico.

Recuerdo un pedido que hicimos de unas banderas con los colores de la marca de cerveza española Cruz campó y con el texto de "Córdoba ciudad cultural". Si sabes algo de producción de banderas y textiles sabrás que los colores hechos en muestra y en tirada de producción siempre tendrán alguna variación mínima, y es porque para una muestra no vas a encender toda la máquina de color, si no que la vas a hacer a mano. Por lo que, aunque las mezclas serán las mismas, el ojo y la mano humana siempre dará lugar a alguna variación.

En ese caso se hicieron unas muestras basadas en el numero del color pantone, pero se tuvo que ir en persona y estar ahí para cuando arrancase la máquina de producción. Una vez arrancó, se fueron haciendo varias tiradas con variaciones de colores (más negro, menos negro, más rojo, menos rojo, etc.) hasta poder comparar con los pantones y dar con el color. Una vez elegido ya no se cambia la mezcla.

Siempre tienes que comparar el color con el pantone a la luz del día si es posible, ya que la luz de interiores engaña al ojo.

Hay dos cosas importantes sobre el tema de muestreo y ambas son igualmente importantes. La primera es que las instrucciones deben de ser CLARAS, PRECISAS y no deben dar lugar a interpretación. Es lo mismo que cuando haces un contrato.

La segunda es que una vez que la muestra está aprobada, todas las partes le deben de dar el OK firmándola en su caso. Pero hay un tercer tema donde la gente siempre FALLA.

Y esa tercera cuestión es NO dar los parámetros de aceptabilidad. Ejemplo, si vas a fabricar una camisa la cual pesa 100 gramos, es posible que algunas pesen 102 gramos; algunas 98 gramos, y otras 100 gramos. Y esto no es culpa del fabricante ni de la materia prima, porque cualquier materia prima tiene una variación natural. Inténtalo tú. Intenta hacer 2 pizzas idénticas, nunca lo conseguirás ya que siempre habrá alguna variación.

Mira el siguiente video donde te explico que tienen que ver 2 pizzas con este capitulo.:

Una vez aprobada la muestra, también le tienes que decir al proveedor la variación aceptable por ti. Esto es importante porque si no lo haces él te puede decir, "mire usted, no es culpa mía"; "no lo sabía" o bien, "usted como comprador debería de saber que esto es normal".

Aparte, si le dices qué es aceptable y qué no lo es, él tendrá más cuidado en ciertos aspectos y menos en otros. Y aquí es donde podrás saber si el tiempo de producción tiene o no sentido. Es obvio que, si lo fabrica con más cuidado, se ralentiza la producción.

Como todo en la vida, las prisas son malas. Imagínate que has hecho un diseño de un neceser el cual tiene líneas de lado a lado que tienen que coincidir. Uso este ejemplo debido a que es un ejemplo real que nos ocurrió cuando hicimos una tirada de 300 mil neceseres para una marca farmacéutica importante.

En ese momento el fabricante no se dio cuenta de que el proceso de producción se ralentizaba si tenía que hacer que se uniesen las líneas de lado a lado. El no unirlas o ajustarlas a lo máximo, suponía que el diseño quedaba antiestético.

Aquí ocurrió, que las tres partes fallaron. El cliente porque no nos dijo desde el principio que ese punto era importante para él;

nosotros porque creímos que era fácil de hacer, y el fabricante ya que no calculó bien los tiempos. En vez de hacerlo como él quería, con una media de 40 unidades por trabajador por hora, nos bajábamos a 28 unidades por hora por trabajador. Al final tuvo que contratar a más personal.

Manoj Shivnani

9. ¿CÓMO AHORRAR EN LAS MUESTRAS?

El tema del costo y envío de muestras es algo que me preguntan a menudo. Fíjate que es un detalle menos importante dentro del contexto a la hora de hacer un pedido, pero todavía hay mucha gente que comete errores de novato. Vayamos por partes.

EL MODO DE ENVÍO

Si es algo pequeño que no pesa, el envío se puede hacer por mensajería DHL, FedEx, entre otros. Si son documentos, lo puedes enviar por TNT. Si el pedido NO es urgente, envíalo por correo. Es simple, NO le des más vueltas. Si es algo que es abultado o que pesa, tienes que empezar a comparar entre mensajerías, correos y agentes transportistas.

¡Si te lo envía el fabricante mucho mejor!

Lo ideal es siempre pedirle al fabricante que te lo envíe él, te saldrá al menos un 50 % más económico que si contratas el envío de tu país. ¿Por qué? porque en China hay mayoristas que revenden súper barato. SÍ, es verdad que el tiempo se alargará, en vez de tardar 3 días tardará 7, por lo que, si no tienes prisa en que lo envíen ellos, te puedes ahorrar mucho dinero.

Esto sucede si el proveedor tiene un acuerdo firmado como nosotros tenemos en agentedecomprasenchina.com con mayoristas del sector que tienen tarifas preferenciales con mensajerías como DHL. En tal caso, y siguiendo con este ejemplo, DHL lo despachará por la misma vía, pero te pondrá en cola; si tienen espacio en el vuelo lo envían, si no, pues en el siguiente.

EL PAGO DE MUESTRAS Y CUÁNDO TE DEVUELVEN EL COSTO

El pago lo puedes hacer por transferencia, por PayPal o algún medio similar. Lo importante es que el fabricante te de una proforma antes. Esto es algo que debes tener en mente a la hora de negociar.

El proveedor no quiere ganar dinero con la muestra, él lo que quiere es ganar dinero con el pedido. TÚ no quieres ganar dinero por una muestra, pero tampoco quieres malgastarlo.

Es ideal que, en estas situaciones cuando pides una muestra que te van a cobrar, le preguntes al proveedor chino con qué pedido te devuelve/descuenta este costo. Hay veces que el mismo te lo dirá.

¿Por qué es importante esto? por 2 razones. Primero te vas a ir dando cuenta de con quién estás negociando. Habrá vendedores que se intentarán hacer los duros, habrá otros que te dirán sí a todo porque son más genuinos.

Solicita muestras sin valor comercial

Lo importante del costo de las muestras es que sean MUESTRAS SIN VALOR COMERCIAL.

Tenemos que usar un poco la cabeza. La aduana no es tonta. Si te envían 2 llaveros, es lógico que tengan un valor de 0,50 céntimos cada uno, con un total de 1 euro. Ahora, si te van a enviar una guitarra, no hay forma de que pase si le han puesto 20 dólares. Y da igual que le coloquen que son muestras. Es decir, que hay que usar un poco la cabeza.

Lo que sí es importante es que toda documentación lleve las siguientes frases para que, en caso de que te paren el pedido, puedas justificar que son muestras:

- *SAMPLES WITH NO COMMERCIAL VALUE* (muestras sin valor comercial).

- *SAMPLES NOT FOR SALE* (muestras no para la venta).

- *VALUE SHOWN ONLY FOR STATISTICAL PURPOSES* (valor mostrado solo para temas estadísticos).

OJO, todo esto solo es recomendable si estás dado de alta como empresario o autónomo. Si por el contrario eres particular, no le pongas ninguna de las 3 fases, ya que entonces la aduana te forzará a hacer un despacho de aduanas ya que entiende que son para uso comercial.

Mira el siguiente video donde te explico todo de forma visual sobre la pizarra.:

Escanea el siguiente código donde te puedes descargar una copia de una factura comercial, para poder copiar y pegar en caso de que el fabricante no sepa que poner.:

10. ¿CUÁNDO IGUAL = SIMILAR?

Aquí es donde la gran mayoría de compradores novatos fallan y bastante. Y la razón es porque piensan que el fabricante chino les ha entendido bien.

Nos olvidamos de dos cosas. Primero es que, para el chino, el idioma inglés (de negocios) no es su lengua materna. ¿Y sabes qué? Tampoco lo es para ti.

Segundo; que con quien hablas en el 90% de los casos es el vendedor del departamento comercial y éste no suele estar en sintonía con la persona de producción. Él capta el pedido y lo pone en papel, pero como todos sabemos, el tener muchos emails para arriba, abajo y/o llamadas, ocasiona que alguna información se pierda. ¿Y si esa información es importante para ti?

Y aquí llegamos a la Cruz del problema.

Para ellos la palabra igual y similar tiene el mismo significado

Se me han dado multitud de casos, cuando le dices "quiero el color igual a este" y él te dice" si, similar a este." Y lo que uno ha entendido es que el color se va a hacer al 100% idéntico, mientras el otro ha entendido que con que se llegue a un aproximado el cliente estará contento porque es lo que quiere.

Mira el siguiente video donde te muestro un ejemplo de una situación común en los negocios con china, donde uno cree que le han entendido cuando no es del todo cierto.:

EL CONTRATO DE COMPRAS.

Por esta razón recomendamos siempre hacer un contrato de compras donde se exponga todo absolutamente comprensible. Tienes que ponerlo para que él no tenga ni qué pensar, y hacerlo como si él fuera un niño de 3 años. Asegúrate de NO HACER ERRORES TÚ porque después él siempre te dirá "¡es que seguí tus instrucciones!" Si es el color rojo, especifica el pantone (el número de color) y lo más importante, especifica el porcentaje de desviación que aceptas.

Dale la Diana y Los Parámetros

Él ya te dirá si es capaz de hacerlo o no. Si de hecho puede, sigue adelante. Si no puede, que te pida más precio o puede que de un principio te diga que no. En ambos casos sabrás tu posición para el siguiente paso.

Define la calidad. ¿Qué estándar debe de cumplir? ¿CE, FDA? ¿Qué norma? Esto lo tienes que especificar. Tú no quieres problemas en tu país, ni para despacho de aduanas ni con el departamento de consumo. Imagínate comprar alimentos que no cumplen el estándar europeo de alimentación, obviando el hecho por un momento de que no podrás ni despacharlo en aduanas.

¿Te imaginas que alguien pierda la vida por comer ese producto que tú has traído? Es un caso extremo, sí, pero hay que tenerlo en mente. No hay peor cosa que comprar algo que después no puedas ni vender.

Dile que estándar debe de cumplir. Pídele ejemplos de que pueda aprobar la prueba. ¿Lo ha hecho antes para otros? Que te envíe copia y verifica si es veraz. Muchos te dirán que pueden aprobar la norma. Y si no la pueden aprobar, ¿qué sucede después? Te dirán "sorry, sorry, sorry". Eso no te vale. Pon penalizaciones, ¿de no aprobar qué ocurre? ¿Quién paga el qué?

Son cosas que tienes que tener en mente. Otra cosa es que lo paguen o no, pero al menos se comprometerán y si no pueden y ven que es complicado, ellos mismos darán marcha atrás. Mejor para ti. Sí, habrás perdido tiempo, pero te habrás salvado de un mal mayor. Hay veces que es mejor aceptar una pequeña batalla perdida que arruinarse en una guerra mayor.

Escanea el siguiente enlace donde te puedes descargar una copia del contrato de compras que nosotros usamos.:

" Las palabras se las lleva el viento."

Ponlo todo en papel, video o en audio, pero deja constancia de ello. Que te devuelva el papel firmado y primero que lo firme él, porque entonces psicológicamente sabes que él se compromete antes que tú. En caso de problemas tienes algo al que referir "usted firmó esto. ¿A que sí? ¿Entonces de qué me habla? ¿Y de qué forma me va a compensar el cambio que quiere hacer al acuerdo inicial?"

Manoj Shivnani

11. ¿QUÉ CONTRATO NUNCA DEBO DE FIRMAR?

Partimos de la base de que eres Pyme y/o emprendedor. Y que tienes recursos limitados. Con esto en mente, sugiero que siempre firmes contratos con cláusulas judiciales de arbitraje y no con cláusulas donde el fuero se rige según las leyes de un país. Vale, sé que esto te ha sonado a chino mandarín. Me explico a continuación.

No malgastes tiempo ni dinero

Imagina que hay un problema y que tienes que ir contra el fabricante chino. El sistema judicial normal y ordinario es el que tienes en tu propio país y el que vemos en la tele. Contratas a un abogado, el cual hace una demanda formal en el juzgado contra la otra parte que se tiene que defender, hay un juez que decide y blablablá.

Hasta ahí todo bien. Lo único es que, al ser internacional, se complica el tema. Primero tienes que contratar a tu abogado local, el cual tendrá que contratar a su vez a otro en el país donde se encuentra el defendido; además, su país debe tener convenio con el tuyo. Asimismo, hay que traducir todo. En resumen: gastos, gastos, gastos, y más gastos, y tiempo, tiempo, tiempo, y más tiempo.

Otra opción es tocar la puerta de un tercero fuera de las fronteras

Otra fórmula es el arbitraje internacional. La definición online es: "Arbitraje (derecho). En Derecho, el arbitraje es una forma de resolver un litigio sin acudir a la jurisdicción ordinaria. Las partes, de mutuo acuerdo, deciden nombrar a un tercero independiente, denominado árbitro, o a un tribunal arbitral, que será el encargado de resolver el conflicto".

En resumen, es una forma de solucionar un tema donde quien lo resuelve es una persona neutral que asume la posición de árbitro juez y que debe seguir unas reglas.

El punto importante es, que debe de ser algo establecido de MUTUO ACUERDO. ¿QUÉ QUIERE DECIR ESTO? QUE DE ENTRADA AMBAS PARTES CONVIENEN QUE, SI PASA ALGO, DEBEN IR A ARBITRAJE Y NO AL PROCESO JUDICIAL ORDINARIO.

Esto se consigue incluyendo una cláusula en tu contrato de compra o venta. Y recomiendo 100 % que se haga, no solo porque soy arbitro en derecho internacional, sino porque es la forma más rápida, lógica y menos costosa que la que te encuentras cuando tratas con China.

En conclusión, el proceso es el siguiente:

- Se acuerda que, en caso de alguna disputa, se solucionará mediante arbitraje.
- En el acuerdo se pactan las reglas del arbitraje, el idioma y los tiempos.
- En caso de disputa se siguen las reglas y un árbitro -que puede haber sido o no escogido por ambas partes- es quien decide. En este proceso se asume que se ha elegido una sede que tiene convenios ya preestablecidos.

Los detalles técnicos los dejo para los abogados, juristas y árbitros, pero lo más importante que debes que tener en mente es lo siguiente:

1) Siempre que se pueda, elige el idioma del arbitraje. Que sea inglés u otro, pero que no sea el chino. Igual estarás en

desventaja ya que la interpretación del contrato en inglés no será del todo correcta. Aparte te va a salir más caro ya que habrá gastos de traducción.

2) Definir la sede del arbitraje. En caso de disputa y/o alguna interpretación del contrato, siempre se acude a las reglas del fuero/sede, y en este caso no quieres que sea China por que las reglas de China dejan muchas cosas abiertas a la interpretación.

Mira el siguiente video donde te los explico de una forma mas clara y visual.:

Intenta definir unas compensaciones en caso de problemas. El árbitro decidirá al respecto, pero por lo menos hay un barómetro.

3) A la vez intenta que el contrato no sea una carta de amor de "40 hojas". Los chinos por costumbre no suelen firmar contratos largos, les da miedo, sobre todo sin son en inglés (idioma que no dominan a la perfección). Esto es algo por lo que siempre tienen problemas con los americanos. A los americanos les gustan los contratos LARGOS de muchas hojas y punto por punto con todo súper mascado. Al chino, al revés. Entonces es importante que no te compliques la vida, ve con lo justo y necesario.

Mis contratos suelen ser de máximo 4-5 hojas y el tema de las cláusulas lo dejo a lo mínimo posible, media página o una página como mucho.

12. ¿COMO PAGO DE FORMA MAS SEGURA?

Hay varias formas actuales en las que puedes pagar a tus proveedores. He aquí las más comunes y en orden de PROTECCIÓN PARA EL COMPRADOR.

LC (letter of credit o carta de crédito): dicho de otra forma, un aval bancario internacional.

- El comprador va a su banco y le dice que abra una carta de crédito con una serie de condiciones ya pactadas anteriormente con el vendedor.

- El banco procede a enviar un mensaje SWIFT (mensaje instantáneo que le llega solo al banco del vendedor) donde le dice que, "siempre y cuando cumpla las condiciones xxxx xxxx descritas en el aval, le pagará ". Con tal de que se cumplan el 100% de las condiciones (ej. fecha tope de embarque) y siempre que no hallen discrepancias, el banco que ha abierto el aval no puede rehusar el pago.

- Discrepancias: es cuando en la carta de crédito hay puntos que no se han cumplido y por tanto el comprador puede rehusar el pago. Un ejemplo es cuando la fecha tope de embarque es el 5 de enero y se ha embarcado el 7 de enero. Esto ya es una discrepancia y por tanto el comprador tiene la última palabra.

La LC es SOBRE PAPEL la forma mas segura de hacer el trato.

¿Por qué digo SOBRE PAPEL?, porque el banco SOLO VE DOCUMENTOS, y no la mercancía. Dicho de otra forma, yo como vendedor puedo decir en los documentos que se embarcan zapatillas (según lo que se acordó) pero dentro va ropa, y el banco como solo ve documentos y con tal de que no hallen discrepancias, no tiene alternativa más que pagar.

Habiendo dicho esto, en 25 años no he tenido ningún caso en la que se halla dicho una cosa en la documentación y se haya enviado otra. Solo recuerdo una, (y no me ocurrió a mí, sino a un cliente mío), donde él abrió una LC para la compra de manoplas de cocina y le embarcaron manoplas de cocina, pero él quería comprar en algodón y le enviaron en acrílico. ¿Le estafaron?, sí, absolutamente.

Fue evidente que el fabricante "corrompió" al inspector de mi cliente y no hicieron la prueba de fuego (recordar que acrílico es ignifugo). El banco, sin embargo, pagó por 2 razones;

- primero porque se pidió manoplas y aunque se especificara en algodón o no, recuerda que el banco no ve la mercancía. Si en cambio se hubiera incluido en alguna clausula alguna clausula como "certificado de tal laboratorio certificando composición" pues igual se hubiera salvado ahí;

- y segundo porque el banco paga y solo entonces te da los documentaos para poder despachar. Dicho de otra forma, que pagas y después abres el conteiner y ves la mercancía. Una vez se ha hecho el pago, después el banco ya no es asunto suyo, su trabajo ha acabado. Ahora tienes que ir por vía judicial (es lo que hizo el cliente, pero eso es otra historia).

Hay varias formas de LC; a la vista; diferida 30 días (donde, por ejemplo, pagas a los 30 días); transferible, donde usas el aval que te abren a ti y lo transfieres a otra empresa cambiando el precio y los datos del cliente. Muy útil si no tienes tu propia línea de financiación y si eres intermediario o bien, si el importe es muy grande); etc.

La LC se suele usar cuando no te fías mucho del proveedor ya que le estas poniendo unas exigencias que tiene que cumplir. Imagínate que quieres el embarque antes de una fecha, si se demora o embarca tarde tú puedes decidir si deseas la mercancía o no.

Es verdad que la LC tiene sus costes de apertura y financiación, por lo que no compensa a no ser que tengas un margen grande o bien, la operación sea importante. Nosotros desde agentedecomprasenchina.com, no solemos trabajar con LC de no ser una operación de al menos 15,000 dólares, que es el barómetro donde nuestros costes operativos nos permiten seguir siendo competitivos.

Tienes que tener en mente además que habrá veces en las que tendrás que convencer al fabricante para que acepte este modo porque muchos tienen miedo de no poder cumplir, o bien porque a ellos les repercute en gastos también.

Escanea el siguiente enlace donde te puedes descargar una copia de una LC.:

DP (documentos contra pago o remesa documentaria):

- el vendedor envía los documentos del embarque a su banco, el cual los envía al banco del comprador y este solo puede disponer de esos documentos contra previo pago del importe pedido por el vendedor.

- si no aceptas los documentos los devuelves y punto, ya después el vendedor tendrá que hacer lo que él quiera con el embarque.

- conlleva algunos gastos bancarios.

DA (documentos contra aceptación o remesa documentaria diferida):

- Igual a DP, pero diferida.

- Ejemplo, DA 120 días; el comprador retira los documentos del banco y tiene 120 días desde fecha factura para pagar. Es como si fuera un "pagare", quien te financia es el proveedor, y no el banco.

- Mañana si no pagas, el proveedor tendrá que ir por vía judicial y al banco no le gustará mucho porque estarás en "circuito de malos pagadores" con todo lo que eso conlleva colateralmente.

- En este caso el banco actúa más como un "notario" dando fe de que has firmado un compromiso de pago y claro está, cobra unos gastos. No hay banco que trabaje gratis.

OA (cuenta abierta, open account):

- El vendedor envía documentación directamente al comprador sin pasar por el banco y el comprador debe de pagar en la fecha acordada entre ambas partes. El banco no interviene.

- Aquí el proveedor está confiando en ti al 100% y si mañana te pasa algo, él no tiene forma de hacer nada o de ir contra ti a no ser que exista un documento por medio.

Tu posición dependerá de si le has enviado adelanto o no. Es evidente que si ya le has enviado un 30% de adelanto al fabricante y el resto es por DP, en el 99% de los casos vas a aceptar los documentos o de lo contrario sabes que posiblemente vayas a perder ese 30% de adelanto, ¿no? (ojo que, estamos generalizando. Hay formas de negociar con fábrica para que devuelvan ese importe también).

TT (telegraphic transfer): transferencia bancaria. Es simple y no hay mucho que decir. En otras palabra, cash.

13. ¿CÓMO NUNCA FALLAR EN CHINA? EJEMPLO REAL

Tienes un aval abierto a tu favor para 1 millón de unidades que tienes que embarcar en 75 días, y a los 35 días rechazas a un fabricante porque durante la producción te das cuenta de que un 30 % de la mercancía está mal ¿qué harías?

Recuerdo que era el año 2009. Yo recién volvía a China a vivir, comparaba los años anteriores que estuve en Hong Kong y veía cómo habían cambiado las cosas en nueve años. China era diferente, era otra jungla, no de ladrillo y leyes (como Hong Kong) sino de gente y mano izquierda. Pero eso es otra historia, a lo que vamos…

Ser estratégico te permitirá ganar tiempo y dinero

Desde un punto de vista estratégico siempre debes tener la espalda cubierta. Siempre. Lo repito, siempreeee. Y sobre todo si sabes que cada pedido te va a llevar 3-6 meses de ejecución; ¿te imaginas haber trabajado tanto y que se vaya todo al trasto?, no solo pierdes tiempo, dejas de ganar beneficios y dinero que es lo que en definitiva te va a pagar los gastos.

Para ilustrar lo que quiero describir, voy a contar una historia real que me ocurrió. He cambiado algunos datos por motivos de **confidencialidad.**

Era mediados del 2009, mes de abril, recibo una consulta de un cliente para hacer unas piezas de plástico baratas para una promoción de una marca de bebidas. Hablamos de que tenían un presupuesto de 10 céntimos por unidad y querían hacer 1 millón de unidades, con la complejidad de que además las unidades tenían que ir dentro de un envoltorio con pegamento para que el cliente final, una vez recibiera la mercancía, solo tuviera que sacar los paquetes de la caja y pegar en cada botella. Hasta aquí todo bien.

En el mes de mayo el trabajo fue el de contactar con fabricantes, y visitarlos para conseguir precios y hacer muestras. Lo que hicimos fue tener 5 proveedores cualificados, 2 eran de plástico, 3 eran de coloreado (ya que la pieza de plástico había que pintarla después).

Otros 2 eran de envoltorio. Acordamos que haríamos todo el pedido con un fabricante del plástico y que nosotros después le daríamos el plástico al fabricante de coloreado que se encargaría del resto.

Desde un punto de vista financiero era perfecto, porque el costo del molde del plástico era mínimo (solo teníamos que pagar 1000 dólares de molde y después durante cada tirada de 15 días otros 1000 dólares). Al de coloreado se le daba un pequeño adelanto de 5000 dólares y el resto cuando estuviera la mercancía lista.

Dicho de otra forma, en una operación de 100 000 dólares solo teníamos que involucrarnos financieramente un 10 % y ese 10 % escalonado durante 3 meses. Sí lo sé...un apalancamiento excepcional.

Y ahí es donde mi experiencia de -para ese entonces- 13 años y la intuición me sirvieron. Teníamos tiempo, ya que sabíamos que el cliente iba a tardar en decidirse, pues operaciones así no se deciden en un día, se tiene que reunir tu cliente de marketing con el de marketing del cliente final, tienen que esperar otras 2 propuestas y después el del área de marketing se reúne en comité ejecutivo y deciden si o no.

Depués se lo trasladan a tu cliente, que luego tiene que empezar a decidir si lo hace contigo o con otro. Y detrás el tema de financiación, firma de contratos, etc. En otras palabras, sabíamos que mínimo iban a pasar 2-3 semanas más. Y aquí es donde digo que entra la experiencia, ya que se aprovechó este tiempo para hacer el plan B.

Si analizas todas las variables, cerrarás un negocio con éxito

En este punto de la historia, el trabajo es el de verificar si tiene sentido todo lo que te han dicho en caso de que el pedido venga a ti.

Esto toma especial importancia, al ser pedidos de marketing ya sabes que tienes dos circunstancias excepcionales:

a) Que no puedes no embarcar (tu cliente ya ha firmado con penalizaciones).

b) Que no puedes embarcar tarde (tu cliente ya ha firmado campañas de publicidad).

En otras palabras, no puedes fallar

Los tiempos que teníamos eran los siguientes:

- En caso de salir adelante, debíamos sacar mercancías en 75 días con embarques parciales.
- Los proveedores nos habían dicho que el molde del plástico estaba en 20 días, y que a partir de 30 días harían entregas cada 3 días.

- El de coloreado nos había confirmado que en 30 días tenía todo pintado y embalado.

- Hasta ahí bien, en total 60 días, más unos días extra para posibles demoras, llevar la mercancía al puerto, etc., etc.

Las matemáticas no fallan

En este punto empezamos a usar algo que todos sabemos desde pequeños ¿sabes lo que es? no es ni intuición, ni experiencia, ni datos técnicos. Es sumar y multiplicar, la calculadora de toda la vida.

Sabíamos que el fabricante del coloreado tenía 30 empleados. Nos había dicho que colorear 1 millón de unidades y empaquetarlas les llevaba 30 días.

Empecemos, si quitamos a 10 que usarían para empaquetar a partir del día 31, significa que tenían a 20 personas para colorear 1 millón de unidades en 29 días. Esto da como resultado 1724 piezas por persona por día, dividido entre 10 horas al día, hablamos de 172 piezas coloreadas diariamente.

Aquí es donde empiezan los problemas. Nosotros ya habíamos medido en el mes de abril lo rápido que coloreaba un trabajador y nos daba 60 piezas por hora ¡y eso que lo hacen rápido! Porque los chinos son máquinas, una vez que toman la onda ya van como una moto.

Escanea el siguiente enlace donde te puedes descargar una copia escaneada del calendario que hice para mi plan B (recuerda que era el 2009 y he cambiado algunos datos).:

En otras palabras, teníamos un desfase de 112 piezas por día y eso sin contar los 3-4 días iniciales donde vas a un 30 % de velocidad hasta que tomas el hábito de colorear.

Lo que hicimos nosotros primero fue hacer nuestras pruebas con las muestras en la oficina. Éramos tres, y empezamos a colorear y a empaquetar. Éramos lentos, por lo que le añadimos un 30 % a los resultados ya que pensamos que el trabajador lo haría de manera más rápida. Incluso añadiendo esos datos, a nosotros no nos daba más de 75 por hora por trabajador al día. Y es cuando empezamos a preguntarnos, ¡algo falla!

Menos mal que siendo una persona a la que le gusta por naturaleza estar preparado, ya tenía hecha mi planificación y armé un plan B, si ocurre esto hacemos esto, si ocurre esto otro, hacemos eso.

El propósito de un plan B es no tener que pensar, porque cuando tienes que acudir a un plan B es porque algo gordo ha fallado y por tanto lo que no tienes a tu favor es el tiempo. O, dicho de otra forma, vas a palmar dinero y lo menos que puedes permitirte es perder segundos en pararte a analizar y tomar decisiones.

Preguntamos al fabricante y su respuesta fue: "no te preocupes, vamos a poner doble turno y traer trabajadores de otra fábrica". En ese momento olía algo raro, pero ocurrió lo que suele pasar cuando tienes una operación jugosa donde vas a ganar dinero…que se te "nubla la vista y el pensamiento" y te auto convences de que el fabricante que es profesional, supuestamente, sabe más que tú.

¿Qué ocurrió a continuación? Que nos dieron el pedido, que dimos el adelanto a la fábrica de plástico y a la fábrica de coloreado, que la fábrica de plástico entregó 3 días tarde (estaba contemplado) y que la fábrica de coloreado empezó a colorear. Y pasó lo que intuía.

No daban abasto con la tirada diaria y pusieron trabajadores inexpertos en 3 turnos, con el resultado de que a los 7 días había 150 000 unidades fabricadas con un 30 % de defecto (el color se mezclaba y traspasaba), y todo porque quien coloreaba lo hacía demasiado rápido sin dejar secar los colores.

Qué pasó después. Llamamos al fabricante y le dimos un día para solucionarlo, o lo solucionaba o se cancelaba el pedido. Le dimos un ultimátum de 24 horas. No respondió, recuerdo que se vencía el ultimátum a las 3:00 de la tarde de un jueves. No llamaron.

Llamamos nosotros y la respuesta fue que no se podía solucionar y que nos teníamos que quedar con la mercancía como estaba. Mi respuesta, "nunca he aceptado ni aceptare chantajes en mi vida" (sabiendo que el fabricante se iba a quedar con mi adelanto).

Eso fue a las 3:15 de la tarde. Mi siguiente llamada fue a mi personal de inspecciones el Sr. Song: "Sr. Song llame a Mr. Chen, el chofer y pregúntale cuánto me cobra para que sea mi chofer durante un mes".

La respuesta, 3000 renminbis de entonces (500 dólares mas o menos). A las 5:00 de la tarde del mismo día estaba de camino a la ciudad de Wenzhou, que quedaba a 4 horas y media en coche, ya que allí estaba la otra fábrica de coloreado.

¡El plan B ya estaba en marcha!

No puedes imaginar el *SPRINT* subsiguiente. El resto fueron los 25 días más estresantes de mi vida (hasta el 2016 cuando me llegó una operación de 300 000 neceseres, la más difícil de mis 25 años de carrera), hablamos de organizar adelantos, pagar a gente, acondicionar un almacén donde recibir los colores, los plásticos, trabajadores, embalaje, todo, ya que al final quienes producían éramos nosotros.

El resultado, fue un embarque en su fecha, un porcentaje de defecto de un 0,0085 % (menos del 1 %) y dejar de ganar un 22 % del beneficio que teníamos estipulado. ¿Se ganó? sí, no solo en dinero si no sobre todo en experiencia -lo cual es aún más valioso-.

Y todo gracias a que no tuvimos que pensar, el plan estaba hecho para tomar decisiones. Desde entonces siempre hago un plan B, (y a veces un plan C).

14. ¿QUÉ ES MEJOR PARA MI, COMPRAR A PORTES DEBIDOS O PAGADOS? ¿Y POR QUÉ?

¿QUÉ ES ESO DE FOB, CIF, CNF?, DDP, ¿EXW?

No te voy a complicar la vida con términos que puedes encontrar fácilmente online. El 90% del comercio se hace con los incoterms (siglas) que refiero a continuación. He aquí un breve resumen en lenguaje fácil de entender y sin entrar en connotaciones legales:

EXW: ex works, todos los gastos son debidos desde que sale de la puerta de la fábrica.

FOB: free on board, todos los portes son debidos desde que le mercancía está posicionada encima del modo de transporte (barco, avión, camión, tren).

CNF (C&F): cost and freight, portes pagados hasta el puerto del destino sin contar el seguro.

CIF: cost, insurance, freight, portes pagados hasta el puerto del destino incluido el coste del seguro.

DDP: duty delivery paid, todo pagado hasta tus instalaciones incluyendo los derechos de arancel en tu país.

Cuando hablamos de incoterms, lo que estamos haciendo es confirmar en qué modalidad estamos comprando desde el punto de vista legal. Ni más ni menos.

Cuando importas una mercancía siempre vas a pagar el coste del producto, el transporte hasta tu país, los gastos asociados y los derechos (arancel) e impuestos asociados (si los hubiera). Lo que nos dicen los incoterms, es qué parte paga el qué, en dónde y en caso de haber alguna incidencia en el transporte, a quién le toca la responsabilidad legal de cobro/pago.

¿Quieres tener el control de tu embarque de China? Mira el siguiente.:

Nosotros solemos recomendar a la mayoría de los clientes que compren FOB ya que se tiene un mejor control del embarque. Hay muchas razones, las más importantes son las que indico a continuación.

- Transparencia: el agente de transporte (forwarder) es tuyo. Tú le pagas, él te va a contar la verdad; "ha demorado el chino, ha pagado el chino sus gastos, ha podido cargar, ¿ha sido el retraso culpa del chino?" Recuerda, para el transportista tú eres su cliente y no el fabricante chino.

- Control: puede ser que a mí no me interese embarcar ahora. De hecho, el siguiente ejemplo se da muy a menudo. Ej. "Tenemos 4 conteiners inspeccionados en fábrica en Ningbo, se tenían que haber cargado en el barco que sale en 1 semana, pero el cliente me ha dicho que lo demore 2 semanas." Eso solo lo puedo hacer porque yo soy el cliente del transportista y por tanto le digo a mi transportista que no le de espacio en el barco a mi fabricante.

- Financiación: si he comprado CIF, ya le he pagado a la fábrica. Incluso aunque la fábrica me financie hasta la llegada del embarque a puerto son 30 días que es lo que tarda el barco en llegar, ¿a que sí? En cambio, si tengo condiciones de pago con el transportista local él me financia, 90, 120 o las condiciones que tenga. Y como todos sabemos, sobre todo con todo lo que han caído los negocios por tema del Covid-19, CASHFLOW IS KING; lo que te interesa es tener liquidez y aplazar pagos de corto a largo para poder aguantar y tener mejor apalancamiento.

- Costes Reales: si es tu transportista, tú ya has negociado los gastos de llegada; tú ya sabes que él te va a cobrar 90 o 120 euros el despacho en aduanas, además de los otros costes (excepto el cambio de moneda que aplica la aduana porque eso no está en sus manos). Pero tú ya puedes más/menos tarificar. Si fuera CIF la mercancía ya está de camino y tú estás a la merced de que te cobre el corresponsal de la otra agencia, el cuál si tienes suerte, puede ser que te aplique una tarifa buena o incluso que sea el mismo agente tuyo. Pero de no ser el caso, puede que te cobre 150 euros o 180 euros por despacho en vez de los 90 0 120 normales y no vas a poder hacer nada porque, si no pagas él no te da la mercancía.

Mira el siguiente video donde te explico de una forma mas clara y visual porque FOB es mejor.:

Nosotros solemos recomendar comprar en términos FOB. Pero hay ocasiones en las que en mejor comprar CIF o CNF. Éstas son algunas de esas ocasiones:

- Uno: Si vas a comprar muestras, normalmente te va a salir más barato comprar a portes debidos. ¿Por qué? Hay mayoristas, igual a www.packlink.es aquí en España que tienen tarifas negociadas donde te puedes ahorrar hasta un 50%. Hablamos de en vez de pagar por FedEx 75 euros si lo contrato desde aquí para un paquete de unos 3 kg., a pagar 30 dólares si me lo envía el chino por FedEx (tan grande puede ser la diferencia). La diferencia del tiempo. Si no es urgente o te puedes esperar 3-4 días más, hazlo desde allá.

- Dos: en ciertos casos donde son mercancías de gran volumen es posible que el fabricante tenga mejor precio. Ejemplo, tengo un cliente aquí que me compra al año 100 containers de sillas de playa, las cuales se reparten entre 2 agencias de transporte; Operinter y TIBA. ¿Qué ocurre?, que uno de los fabricantes con los que trabajamos, envía 500 containers a España y todo con Kuhne & Nahgel. ¿Quién crees que tendrá mejor precio en flete para el mismo destino?

- Tres: Habrá ocasiones en las que no podrás negociar y el fabricante te ofrecerá solo CIF. Suele ocurrir cuando hablamos de alimentación, bebida, productos de marcas, etc. En tal caso el proveedor suele mover mundialmente miles y miles de containers y tendrá un precio cerrado mundial. En tal caso no tendrás más que aceptar.

- Cuatro: Si tienes condiciones de pago mejores que las que te ofrece el agente local, es probable que te compense porque entonces toda la operación vendría financiada y aplazada. Y si encima te lo puede dar DDP (duty delivery paid; en otras palabras, hasta tu puerta con derechos pagados, despachado e IVA) pues mejor, ya que de esta forma tu inversión de cash es nula o prácticamente nula.

¿Cuándo es CIF mejor? Mira el siguiente video.:

¿Te gustaría calcular el coste final de tu importación antes de la compra? Mira el siguiente video donde te lo explico.:

Escanea el siguiente enlace donde te puedes descargar una copia de mi Excel para poder calcular dichos costes fácilmente y que puedes modificar según quieras.:

15. MI MEJOR AMIGO, EL FORWARDER.

Recuerdo que tendría yo entre 21 y 22 años... sí, creo que 22 porque es cuando empecé a trabajar para mi padre. En esa época; hablamos del 1995, yo quería ganar experiencia y decidí trabajar para él (con él) en su negocio de importación en Málaga.

Aunque no recuerdo como empezó la conversación, sí que recuerdo lo que me dijo.

"Manoj, en la vida tienes que tener 3 muy buenos amigos; un abogado, un médico y un agente de aduanas".

Yo, claro que quedé un poco perplejo y como todos los jóvenes de mi edad pensé "se le ha ido la olla a mi padre". Y es entonces cuando me lo explicó.

¿Por qué abogado?, porque si tienes algún problema legal en el negocio o en la comunidad de propietarios siempre tendrás consejo y gratis. Porque si tienes algún problema de salud, tu amigo médico moverá tierra y mar para conseguirte el mejor especialista y ponerte primero en la cola.

Y un agente de aduanas para poder saber qué forma y trucos legales existen para poder traer y despachar mercancías lo más económicamente posible, contando con el visto bueno del gobierno y el ministerio de hacienda y recaudación.

Hablamos de otro contexto. Eran los 80's y 90's donde lo difícil era importar, lo fácil era vender. Y los sistemas eran más burocráticos que hoy y no había transparencia. A modo de ejemplo, ¿sabes que si despachas en aduanas un bolso como nylon o un bolso como polyester, pagas un 4.5% o un 5.4% de arancel? ¿Y sabes que los chinos llaman nylon a lo que tú llamas polyester? Es un ejemplo que he camuflado los números y descripciones y es para que puedas entender lo que quiero decir.

Hoy la figura del agente de aduanas existe, pero tú no sueles hablar con él. Tú sueles hablar con tu forwarder (transitario internacional) el cual ya tiene acuerdos con agentes de aduanas, e incluso tienen sus propios expertos en aduanas y el agente lo único que hace es firmar (es como si un abogado por ley no puede ser procurador, no puede firmar como procurador y lo que hace es redactar el documento y dárselo al procurador simplemente para que firme).

Tu forwarder es quien te va a traer la mercancía desde el origen a tu casa. Es quien se va a encargar de todo, desde reservar espacio en el barco para ti, incluso hasta (si te hace falta) despachar y pagar los aranceles, derechos e IVA en tu nombre y entregarte la mercancía. Incluso hay que tienen sus propios almacenes para descargar, paletizar y hacerte la logística.

Pero donde de verdad te puede ayudar tu forwarder (y no es solo en el tema de despachar la mercancía con la descripción correcta) es sobre todo en conseguirte espacio en los barcos.

¿Qué haces cuando es el 20 de diciembre y tu fabricante te dice que la mercancía se va a demorar 2 semanas? Llamas a tu forwarder pidiéndole que si te de espacio y camión para la primera semana de enero, que es cuando precisamente no hay camiones disponibles (ya que entra el año nuevo chino y los trabajadores se van de vacaciones escalonadamente, y ocurre lo de siempre. A ti te han demorado como a otros miles de clientes, pero el barco solo tiene capacidad limitada a un número de containers), ¿qué ocurre entonces?

Que tu amigo forwarder es quien decide a quién le carga y a quién no (al otro le contará una historia de que la naviera no ha sacado el barco o que no había camiones), ¿me entiendes? ¿A quién le va a dar el espacio? A su amigo Manoj.

Me va a subir el precio, eso lo sabemos y son leyes de demanda y oferta porque él también tiene que justificar a sus jefes o socios, pero prefiero pagar 500 dólares o 1000 dólares más y tener la mercancía en temporada para ser el primero en vender y colocar, a que me llegue tarde y tener que guardarla varios meses en almacén (que es más caro). "Mejor un pájaro en la mano que dos en el aire."

16. ¿QUÉ CERTIFICADOS Y ESTANDARES SON LOS IMPORTANTES?

Esta parte es una de las más aburridas y olvidadas, sobre todo por los importadores novatos, y la que más problemas da si no la tienes clara. Es además una de las cosas en las que yo hago hincapié en mi primera llamada con el proveedor, ya que es uno de los elementos que define si quiero seguir con la conversación o no.

Cada mercado tiene su estándar y exigencia. Cada proveedor produce según su estándar y exigencia.

Se un poco mas listo. Si tu proveedor fabrica para África, no le exijas que te fabrique para un estándar más alto, como Europa, por ejemplo. Si lo ha hecho antes y tiene experiencia, que te lo demuestre mediante certificados y prototipos. Si no lo ha hecho antes, no compres solo porque su precio es más barato. Si no lo ha hecho es porque no sabe o no ha tenido clientes de un mercado como el tuyo.

Él tiene la cadena de producción, nivel de trabajadores, tiempos y exigencias según el mercado de África. No le fuerces ni caigas en esa falsa premisa de que podrá hacerlo. NO podrá, o al menos no en los tiempos que tú quieres o sin los problemas que no quieres. Olvídate y ve a otro. Cada exigencia de mercado tiene su precio. No pretendas conseguir duros a pesetas.

¿QUÉ ES UN ESTANDAR?

Es ampliamente conocido que para Europa todos los productos deben llevar la marca de Conformidad Europea (CE). En EE. UU. por ejemplo regula la FDA. Cada país o región tiene su estándar.

Y tú como importador debes saber:

a) si te hace falta algún certificado especial,

b) si tienes que dar de alta algún registro específico y

c) si tu producto o fabricante cumple el estándar.

Ante aduanas, el importador es el fabricante, y por tanto si no tienes todo en regla no vas a poder despachar.

Hay varias formas de averiguar toda esta información, aquí verás algunas:

a) Si das con un proveedor que ya vende en tu mercado, él mismo te dirá, "mira te ofrezco este precio y va con esta certificación que requiere tu mercado".

b) Si contratas a agencias de inspección o de ensayos de laboratorios, les dices que necesitas hacer un ensayo (después puede que no lo hagas) y que te den un presupuesto basado en la normativa que tiene que cumplir para tu país.

c) Pregunta a tu agente de compras que es quien te va a dar la información actualizada.

d) Compra una pieza de la competencia en un establecimiento de categoría y/o mira el envoltorio/*packaging,* por ley debe figurar el estándar que precisa cumplir.

Haz estos pasos antes de solicitar precios de origen, lo que NO quieres es perder el tiempo e ir al grano.

Tienes varias formas de evitarte problemas

¿Qué va a ocurrir si se te ha olvidado investigar y ya está la compra hecha en origen y producida, sabiendo que no cumple la normativa? que tienes un problema.

Ahí podrías -y que conste QUE NO SOY PARTIDARIO DE ESTO- enviar una muestra correcta a cualquier laboratorio en origen y que apruebe la norma. Importas y presentas ese documento.

De esta forma estarías haciendo una importación fraudulenta engañando a hacienda y aduanas, porque les estás diciendo que la mercancía está en regla, cuando sabes que no. Si te pillan, te pillan y después es multa o cárcel, además de la destrucción de la mercancía.

O puede que cuele, pero imagínate que has traído ventiladores que tienen el motor en mal estado y que un viejecito lo ha puesto a funcionar toda la noche, el motor se ha prendido fuego ¡y se muere.! Vale, es un ejemplo extremo, pero ¿y si sucede? NO LO RECOMIENDO.

Asimismo, si ya se ha embarcado la mercancía y te la retienen y no cumple con las normas. Pues ve soltando dinero y prepárate porque una de dos: o te van a decir que destruyas la mercancía por tu cuenta, o te van a decir que no la despachan, en ese caso vas a tener que abandonarla, ¿te imaginas abandonar una mercancía que ya has pagado?

La otra opción es que tengas que abrir el contenedor y paralizar la carga mientras envías una muestra a un laboratorio local, para que haga un ensayo y certifique que aprueba la norma; luego tendrás que descargar y re etiquetar todas las unidades, etc., etc.

¡No sé si la opción de abandono es menos dolorosa!

17. ¿QUÉ FORMAS DE PAGO Y CUANDO USARLAS?

En el capítulo 12 (¿Cómo pago de forma mas segura?) hemos hablado de las diferentes alternativas que hay para pagar. ¿Por qué entonces he decidido hacer un capítulo diferente sobre formas de pago y cuándo usarlas? La razón es muy simple de explicar:

Una cosa es que tengas la teoría de los diferentes modos de pago, que los puedes conocer a través de YouTube o preguntándole a tu banco, pero lo importante es que tú como empresario o como emprendedor, y con recursos limitados, sepas cuál es la fórmula de pago que más te conviene según tus circunstancias, para que puedas tener una buena posición negociadora.

Hoy las cosas han cambiado mucho si comparamos las situaciones de hace 25 años, que es cuando empecé yo. En esa época las dos fórmulas de pago que más se usaban eran carta de crédito (LC) y remesa documental (DP).

Hoy tenemos otras alternativas y las fórmulas que más se suelen usar son TRES: adelanto + resto del pago contra documentación, carta de crédito Y remesa documentaria.

El 30% DE ADELANTO Y EL RESTO CONTRA LA DOCUMENTACION:

¿Por qué el 30 %? Pues no tengo ni idea. Mi lógica me dice que hace años sí tenía su lógica pedir un 30%. Imaginemos que tú le diste ese 30 % y cuando llegó la mercancía al puerto de destino, por alguna razón tú no quisiste pagar. Bueno pues ese 30 % le permitía al proveedor cubrir los gastos de ida y vuelta, o bien despachar la mercancía y entregársela a otro cliente, o tal vez trasladarla a otro puerto.

Con ese 30 % él cubría todos los gastos, o su pérdida era muy limitada. Hablamos de hace 20 años donde los fletes normalmente oscilaban alrededor de los 5000 dólares para un conteiner grande. En la ultima década la media a oscilado entre 1000 a 1500 dólares, lo cual significa que con ese 30 % el proveedor cubre mucho mas (*como nota informativa, a principios de enero 2021 y a la hora de editar este libro, los fletes estaban por las "nubes" con una media de 9000 dólares por conteiner grande*). Tendría más sentido entonces si pidiera 15% en lugar del 30%, pero…

Ahora, ¿qué ocurre cuando tú le das el 30 % a un proveedor?, pues que ya estás pillado. Hasta ahora en 25 años no me he encontrado con un cliente que haya entregado el 30 % y no haya aceptado la mercancía. Eso lo sabe el chino también y por lo tanto siempre hay que buscar alternativas, porque lo que no quieres es que te ponga el cuchillo en la nuca ante una incidencia.

Recuerda que aquí no estamos intentando decir que no vaya a haber problemas, no es lo que estoy diciendo. Lo que digo es que en caso de que haya problemas, por lo menos te prepares con una posición negociadora.

Por consiguiente, lo que debes intentar es dar el mínimo adelanto al fabricante

Cuando se tuerce algo o sabes que no tienes posición negociadora, se te va toda la energía en culparte y en maldecir al proveedor, entonces dejas de estar presente y desaprovechas la oportunidad de buscar más negocios. El hecho de haberte metido en ese embrollo no solo significa que vas a perder dinero ahora, sino que indirectamente además lo vas a perder en el futuro, si cuentas todas las oportunidades que perderás o no verás al estar encasquetado mentalmente en ese problema o situación. Y esto es un costo de oportunidad demasiado alto.

LA CARTA DE CREDITO:

Esta es una fórmula que solemos usar nosotros cuando el pedido es grande, cuando no queremos dar un adelanto -porque no nos fiamos mucho- o cuando el cliente por ejemplo insiste en ello. Los chinos, al menos los que no son expertos, no van a querer esta modalidad y de hecho te diría que incluso los que tienen experiencia tampoco la van a querer, por lo que vas a tener que confrontarlos y convencerlos.

Y la razón es muy obvia, hay un gran porcentaje de las cartas de crédito que tienen algún fallo, o una coma o un punto, y eso significa que el proveedor está en las manos del cliente, porque la mercancía ya ha salido y si el cliente no quiere pagar, no puedes hacer nada.

Ojo, y que quede claro, hay situaciones (ej. chatarra, productos de marca) en las que, si le abriste al proveedor la carta y tiene discrepancias, a él le da igual porque le dice al banco que le devuelva los documentos y vende/transfiere la mercancía a alguien más. Si es un producto donde hay más demanda que oferta, el proveedor siempre tiene la mano más grande, y en estas ocasiones tu estrategia debe ser la de convertirte en su amigo, pero esa es otra historia.

Habiendo dicho eso, y aunque sepas que la mayoría presentará discrepancias, lo que debes procurar es tener una posición negociadora y para eso intenta siempre meter una cláusula de certificado de inspección (por h o por b). Aquí lo que estás intentando es subir el nivel de exigencia al proveedor.

Muchas veces el simple hecho de que hayas puesto esa cláusula significa que él fabricará mejor. En otras ocasiones es un arma de doble filo, porque si la agencia de inspección no le da ese documento, el proveedor no podrá tramitar su cobro ante el banco fácilmente.

LA REMESA DOCUMENTARIA:

Aunque se usa relativamente poco, comparado con hace 15-20 años, es también un arma de protección. Se usa poco porque carece de mucho sentido. Antes los intermediarios tenían que financiar la operación y ambas partes tenían sus líneas de crédito. Entonces el intermediario pagaba al fabricante, recibía los documentos y después los enviaba al cliente vía remesa documentaria, permitiéndole poder "descontar" los documentos (descontar es cuando el banco te adelanta el dinero antes del vencimiento o antes de que pague el cliente, descontándote un importe en gastos y comisiones).

Hay ocasiones en que se convierte en la única modalidad factible, y una de ellas es cuando se ha roto la negociación y la confianza.

Esto me pasó en 2016 en una operación de 300 000 dólares. Por varios motivos, a los que no voy a referirme aquí, y después de 3 meses de negociaciones y pérdida de confianza, usamos esta fórmula.

Había 3 contenedores que ya se encontraban en el puerto. Nosotros no queríamos pagar al fabricante porque sabíamos que había un porcentaje de defectos que él embarcó sin nuestro consentimiento. Y lo que queríamos era que nos diera un descuento para trasladárselo a nuestro cliente. Él decía que sí, pero pedía que pagáramos antes.

Claro ahí estaba el problema, yo te pago y después me puedes decir que no me das los documentos. La única fórmula que nos quedaba era la remesa documentaria, donde el fabricante enviaría los documentos de embarque vía remesa documentaria y en cuanto llegasen, mi banco pagaría. Pusimos al banco de por medio.

18. CIRCUITO ROJO.

¿Y qué es el circuito rojo? Normalmente cuando despachas mercancías lo que suele ocurrir es que pasa por un filtro de la aduana, estos filtros se identifican con los colores verde, naranja y rojo.

El verde básicamente quiere decir que no hace falta presentar más documentación, simplemente con las copias te aprueban el despacho de la mercancía. El naranja es casi lo mismo que el verde, con la diferencia de que han visto algo raro y simplemente quieren ver la documentación original.

Rojo significa que han percibido algo raro y te van a retener la mercancía en el puerto, mientras que el inspector de aduana abre el contenedor para revisar que efectivamente lleva los documentos que tú declaraste.

Aquí es donde tienes un problema, porque primero, el hecho de tener la mercancía parada en el puerto se traduce en gastos: gastos por abrir el contenedor, gastos de personal para sacar mercancía del contenedor y poder ver que está todo allí. Si está todo bien, después hay un gasto por llenar el contenedor nuevamente y luego de hacer el conteo, ya te lo pueden despachar.

Además, hablamos de tiempos porque no sabes si el inspector va a ir mañana, dentro de 3 días o dentro de una semana; imagínate que te pillan en época de vacaciones, puede ser que demore una semana. Por cierto, todos estos gastos los pagas tú y no puedes decir nada de nada.

No siempre vas a caer en circuito rojo

Suele ocurrir que cuando eres un importador nuevo, tienes altas probabilidades de que la primera importación te arroje un filtro rojo ¿por qué? porque es como si el ordenador de la aduana o el algoritmo no reconociera que tú ya tienes experiencia en importaciones. Por lo menos esta es mi observación, no tengo ninguna base científica ni datos que lo confirmen; sin embargo, es mi reflexión después muchos años y después de hablar con varios *forwarders* sobre esto.

Por esta razón, nosotros recomendamos a todos los nuevos clientes que la primera partida sea pequeña, porque, si vas a salir en rojo, es mejor que salgas en rojo en una partida donde los gastos portuarios te van a salir relativamente más económicos que si tuvieras que parar un contenedor.

Claro, ocurre que luego que pasaste por el circuito rojo, es como si has pasado ya un filtro y el algoritmo de la aduana va a arrojar la mayoría de las veces un resultado verde o naranja, a no ser que detecte algo raro o que tengas deudas, o que surja algún chivatazo de una cosa incorrecta que hayas hecho.

19. LA IMPORTACION VIA OTRO PAIS

No tenia muy claro si escribir este capitulo ya que no sabia si el lector me interpretaría correctamente. El motivo de este capitulo NO es el de enseñarte a saltarte las leyes. El motivo es únicamente el de que "abras" los ojos y que sepas que hay alternativas legales. El contexto de este capitulo esta basado en Europa, aunque es aplicable a otros países.

Imagínate que tienes que llevar un producto a España y que es un producto que tiene que pasar por el canal de farmacia; vamos a decir por ejemplo unos botes de cosmética. ¿Qué sucede? que, si tienes que pasar por el filtro de farmacia, debes sí o sí obtener la licencia de importación de este tipo de productos o tener un almacén acondicionado para ese material. Son procesos largos que cuestan dinero.

Para esta gestión tienes dos opciones, una que ya algunos conocen y otra que muy pocos conocen: la primera es que llames a un amiguete o a un proveedor que ya tenga la licencia y que te haga la importación a su nombre cobrándote un plus. La segunda opción es traerlo a través de otro puerto de Europa donde la norma específica no se ha implantado todavía.

En Europa tienes varias opciones para facilitar tu proceso de importación

Regularmente cuando Europa saca una normativa, les da plazo a los países para imponerla, por ejemplo, puede ser que se apruebe una nueva regulación para importar sillas de playa y les dice a todos los países "mire usted tiene 5 años para aplicar este reglamento obligatorio" o puede pasar que España por ejemplo diga "pues ¿sabes qué? yo lo voy a poner de obligatorio cumplimiento mañana" y puede ser que Italia diga "yo lo voy a aplicar dentro de un año". En este caso, podrías apelar a una solución práctica importando vía Italia. Por supuesto, teniendo en cuenta que llevarlo de Italia a España conllevará un sobrecosto en porte nacional.

20. ¿Y SI TENGO QUE RECLAMAR, COMO LO JUSTIFICO?

Nosotros siempre les recomendamos a los clientes que haya alguna trazabilidad en el etiquetado y el empaquetado. Por una razón muy simple, muchas veces los desperfectos no los aprecias hasta más adelante en el tiempo, es posible que te des cuenta al abrir una caja, puede ser que sea algo de lo que te des cuenta a primera vista, o tal vez algún detalle que no perciba tú cliente, o quizá no te des cuenta hasta pasada la temporada.

La diferencia está en los detalles pequeños

El tema de la trazabilidad es algo que las empresas grandes ya hacen por defecto, en cambio a las Pymes se les suele olvidar, se preocupan solo en poner el código de barras y algunos datos más. Muchas veces no recuerdan colocar el número del lote, pero incluirlo puede ser tan simple como poner una fecha de embarque.

Imagínate tú que le has comprado a un proveedor una partida y te la han embarcado en diciembre de 2020, pues bueno le puedes poner en la misma etiqueta del código de barras, por ejemplo, "LOTE:12/2020." Ahora imagínate que al mismo proveedor le compras una partida en el mes de marzo del año siguiente, bueno en ese pedido al lote le colocas 03/2021. Puede ocurrir que sea la misma mercancía, del mismo color, del mismo tamaño, y con la misma caja pero que se lo hallas comprado al mismo fabricante o a otro.

Entonces ¿tú cómo vas a saber si lo que has comprado pertenece a la primera partida o a la segunda? Son cosas fáciles de hacer.

Mira el siguiente video donde tendrás mas certeza a la hora de saber a quien reclamar.:

21. ¿CÓMO ASEGURARSE TENER PROBLEMAS EN EL DESPACHO DE ADUANAS?

El conocimiento de embarque o Bill of Lading (BL), como se suele decir en inglés, es la documentación más importante a la hora de cualquier importación porque es el documento que te da la titularidad de la mercancía y, por tanto, con ese documento original ya puedes decir que la mercancía es tuya. Por vía avión, se le denomina AWB (airway bill of lading) y el original siempre acompaña la mercancía.

Como mínimo te hará falta el BL (conocimiento de embarque), el CO (certificado de origen), la INVOICE (factura comercial), el PACKING LIST (albarán)

El SHIPPER es quien envía la mercancía ni más ni menos y por tanto quien tiene que dar su visto bueno a que te den la mercancía.

¿Cómo? pues enviándote el original del BL para que tú lo puedas presentar en tu aduana o al forwarder; o bien el devolviendo ese BL original al forwarder en su país para que este envíe el mensaje a su corresponsal en el país de destino diciendo que ya le puede entregar la mercancía.

El CONSIGNATARIO es a quién va la mercancía por tanto imagina que pusiste el nombre de un cliente. Vale imaginemos que mañana ese cliente no quiere pagar y entonces tienes que transferir esa mercancía a otro cliente tuyo; indiscutiblemente haría falta la aprobación del consignatario porque es a quien la naviera o el forwarder tiene en su manifiesto que es a quien va dirigida la mercancía.

Después, los datos más importantes serían los siguientes:

- los kilos;
- el número de bultos;
- y la descripción.

Es necesario asegurarse que estos 3 datos coinciden con la factura y con el Packing list porque de lo contrario puede ser que tengas problemas en aduana, ya que los datos deben de coincidir.

Lo que dice el transportista que transporta debe de coincidir con lo que dice el proveedor que envía

Después, aunque hay datos sobre el número de contenedor, el número del candado y otros datos, lo importante para ti es saber cuándo salió el barco (SHIPPED ON BOARD) y el numero del candado (SEAL NUMBER) del contenedor. Es evidente que si el numero del candado que rompemos cuando recibimos nuestro contenedor en nuestro almacén y el que estamos viendo en el BL es diferente, algo ha pasado. Tenlo en mente por si acaso tienes que reclamar al seguro.

Si la mercancía viene por grupaje, eso ya va bajo responsabilidad de vuestro forwarder ya que ha llenado el conteiner con la mercancía de varios clientes y lo ha cerrado él.

¿Cuáles son los 5 puntos mas importantes del BL para que no tengas problemas en aduanas? Mira el siguiente video.:

22. ¿QUÉ, CUANDO Y COMO INSPECCIONAR?

Lo importante en el tema de las inspecciones y los estándares no es tanto lo que diga un sistema internacional como AQL (sistema internacional usado por las grandes como SGS para medir el porcentaje de defectos), sino el estándar que tenga la fábrica y el estándar que aceptas tú.

¿Qué quiero decir con esto?

Si la fábrica tiene un nivel de defectos del 3%, te lo tiene que decir la fábrica. Si tú sólo puedes aceptar un nivel de defectos de un 1% se lo tienes que decir a la fábrica. Lo que no puedes hacer es no darle tu estándar la fábrica porque entonces es cuando ocurren los problemas.

Ahí tienes dos cosas, una es quién fija el estándar de defectos aceptable y segundo, qué es un defecto. Puede ser que para ti una deviación de un 2% en un color rojo sea un defecto, pero puede ser que para el fabricante no lo sea.

¿Ha fijado alguien este porcentaje? ¿Ha fijado alguien está deviación? Todo esto lo tienes que tener muy claro porque dependiendo del estándar te van a cobrar un precio u otro.

La secuencia que nosotros normalmente usamos es la siguiente:

- Negociamos y cerramos el precio.

- Verificamos que pueden hacer un estándar ya preestablecido. Por ejemplo, hemos acudido a una fábrica que fabricaría para el mercado europeo, pues ya sabemos nosotros el estándar.

- Después empezamos a fijar el porcentaje de defecto. L e planteamos a la fábrica una pregunta muy simple, ¿cuál es tu porcentaje de defectos y si supera ese porcentaje que ocurre?, y aquí ya hablamos de negociar. Puede ser que te venga mejor, por ejemplo, que acuerdes producto gratis una vez superado un 2% y hasta un 4%, o puede ser que te compense el decirle "no, ese 2% me lo compensas en descuento en la factura".

Que no te sorprenda que hayas acordado un precio y una vez que empiezas la conversación sobre el tema de defectos, que el chino quiera subir el precio porque sabe que tiene que invertir más en tiempo, personal, o incluso materiales para llegar al porcentaje de defectos aceptable.

Aparte de eso, tienes que fijar lo que es un defecto, porque puede ser que un defecto sea algo mayor o menor.

Suelen haber 3 tipos de categorías de defectos; menor, mayor o critico.

- Crítico significa que las piezas son para tirar, es un problema que no se puede solucionar.

- Mayor es un problema de usabilidad, puede ser que tengas que cambiar una parte o puede ser que puedas poner un "parche" y funciona.

- Menor es a modo de ejemplos, un rasguño; una variación menor en un color; que se han olvidado de poner los números, o que el número que han puesto está mal. Digamos que cosas visualmente fallidas pero que no afectan a la venta del producto o a la seguridad de este.

Y todo esto hay que ponerlo por escrito. La forma más fácil de fijarlo es una muestra firmada por ambos lados porque entonces hay que seguir esa muestra.

A la hora de inspeccionar tienes que tener muy claro que es imposible inspeccionar el 100% a no ser que tengas un equipo entero para hacer todo esto. Lo que se suele hacer es una inspección al azar y aquí es donde es muy importante que las unidades a inspeccionar, las elijas tú mismo. Es más que evidente que un proveedor que te quiere vender a no ser que sea muy honesto (y muchos lo son) siempre te va a hacer la inspección al azar de las piezas que ya saben que están bien.

Haciendo una inspección al azar vas a tener un porcentaje real de cómo debe de estar la mercancía. Normalmente un muestreo del 3% al azar te va a dar una indicación. Si ves que hay algún problema sigue y abre más bultos. Si ves que el problema avanza, para la inspección y habla con el fabricante.

Escanea y descarga nuestra plantilla de inspecciones.:

23. ¿COMO SABER SI ME VAN A FABRICAR BASURA INCLUSO ANTES DE HACER EL PEDIDO?

Da igual lo mucho o poco que sepas sobre China. En los negocios lo que hay que usar es la intuición y para esto hay unas reglas muy claras que la vida te enseña.

Nosotros solemos visitar fábricas por alguna de las siguientes razones:

- Porque tienes un pedido grande y tienes que ir a ver algún dato específico;

- Porque por teléfono crees que hay algo raro;

- Porque te han recomendado a que visites la fábrica y hagas tus propias conclusiones;

- Porque quieres tener una relación más cercana con el fabricante;

- Por último, porque igual tienes que hacer una inspección y tienes que ir a ver la mercancía.

Sigue tu intuición

Cuando voy a visitar una fábrica por primera vez lo primero que hago es visitar el despacho del jefe y la razón es muy simple; de la misma forma que seguramente tu sigues costumbres que has aprendido de tus padres, lo mismo pasa con un fabricante.

Mira el siguiente video donde te explico el truco que uso yo para saber en 3 segundos si quiero trabajar con ese fabricante.:

Si tú eres una persona a la que le importa la higiene personal, normalmente vas a pedir todo aseado en tu vida personal, normalmente vas a tener también tu despacho impecable. Además, la gente que vas a elegir para tu fábrica también les vas a exigir que tengan un nivel de higiene personal cercano al tuyo. Imagínate una fábrica de calzoncillos masculinos donde el jefe es más bien un desaseado. ¿Bajo qué estándares de higiene personal crees que te van a fabricar?

Y después del jefe llegamos al supervisor. Yo normalmente en 3 minutos voy a saber si me van a producir bien o no. El truco que uso yo es ver que está haciendo el supervisor. El agente más importante en la cadena de producción no es la máquina, tampoco lo es el trabajador. Es solo una persona, el supervisor.

Si, además, el supervisor es el jefe, tienes media batalla ganada.

¿Por qué?, porque es él quien se va a asegurar de que el trabajador (que muchas veces trabaja con un salario básico y un plus por unidades hechas por el) haga las cosas bien. Si veo que el supervisor pasa más tiempo dentro de su despacho en vez de en la cadena de producción, que es donde él tiene que estar supervisando, sé que algo va a fallar en mi producción y por tanto se qué tipo de calidad voy a recibir.

Por último, pasamos al almacén por dos razones.

Primero porque queremos ver si de verdad el fabricante está ocupado o no. Una fábrica medio vacía significa dos cosas y normalmente es la primera. No tiene trabajo, o que acaba de embarcar toda la mercancía y no tienes pedidos. En ambos casos se disparan las alarmas porque si son buenas fábricas tiene trabajo todo el año.

La segunda razón es porque muchas veces, en el almacén vas a ver la mercancía que están preparando y simplemente viendo los marcajes en los bultos de exportación te das una idea de qué tipo de mercados están vendiendo y hay muchísimas veces que vas a encontrar mercancía de tu competencia. Además, como vendedor si tú ves que él está vendiendo muchísimo a un país que tú no tenías en mente, igual puedes intentar vender a ese mercado también.

24. LECCIONES APRENDIDAS DE 3 ERRORES QUE ME COSTARON $35,000

En 25 años trabajando con China, hemos tenido problemas en contadas ocasiones, pero, por otro lado, hemos sido exitosos y la razón de este éxito se debe a que donde más enfocamos nuestro trabajo es en averiguar con quién vamos a trabajar.

Por este mismo motivo, también hemos perdido muchos negocios, pues los clientes siempre quieren que les des una respuesta rápida. Sin embargo, nuestra postura siempre ha sido "prefiero no hacer el pedido que hacerlo mal".

Y esta posición es en parte basada a lecciones aprendidas de unas contadas operaciones en las cuales, aunque perdimos mucho dinero, aprendimos mas que en cualquier otra operación exitosa. Expongo a continuación las lecciones aprendidas según el caso.

Volvamos al año 2008, recién nosotros habíamos abierto una oficina en la ciudad de Yiwu, donde está el mercado más grande del mundo entero. Te hablo de un mercado que, en ese entonces, tardabas hasta 3 semanas en verlo entero, y hoy como mínimo necesitas 4 a 5 meses.

Recuerdo que fue un año muy bonito. Se embarcaron 500 000 unidades de unos cinturones a una marca muy famosa en España (la crisis financiera no había llegado fuerte aun a España). Era un cinturón que a nosotros nos costaba 90 céntimos y lo vendíamos a 1 dólar con un margen de beneficio respetable. ¿Qué cosas malas pueden ocurrir con un cinturón, pensaras? Pues no puede pasar nada o puede pasar de todo.

En este caso el primer error que cometimos fue darle un 30 % de adelanto a la fábrica. Mientras otros fabricantes nos daban 1 dólar, que es el precio al que queríamos vender, este fabricante nos ofrecía el producto a 90 céntimos y después averiguamos el por qué. Porque su producción era una basura.

El segundo error fue inspeccionar cuando ya había adelantado mucho la producción. Error de nuestra parte. En ese momento nos dimos cuenta de que un 30 % de la mercancía tenía problemas de cosido.

¿Qué pasó? pues al final tuve que acudir a un muy buen amigo mío que ya llevaba 9 años viviendo ahí, junto con él estuvimos un día negociando con la fábrica que al final accedió a rehacer ese 30 %, subiendo el precio, pero, aunque perdimos 10 000 dólares, al menos pudimos sacar para adelante el pedido. Después de ese primer encargo, pasamos todos los encargos a otra fábrica, pero ya habiendo marcado las pautas de inspección.

Mira el siguiente video donde te muestro la primera lección aprendida.:

Para el segundo ejemplo nos subimos al año 2012, donde teníamos que fabricar una producción entera de unos conjuntos de bebé para una aerolínea. ¿Qué sucedió? En realidad, no hubo ningún error por parte de la fábrica, el error fue mío; era la primera vez que yo me aventuraba en hacer una producción textil, hablamos de que había que unir a 6 fábricas porque eran 6 procesos diferentes de fabricación.

Aquí lo que pudo conmigo fue la sobre confianza personal, porque creía que fabricar textil era igual a cualquier otro producto, y se me olvidó hacer lo más importante que hace un comprador: preguntar. Fíjate que tengo una amiga que ha trabajado como jefa en fábricas de textil durante 30 años y no le pregunté qué era lo más importante de una producción textil. No caí hasta después.

Lo más importante de este tipo de producciones es el patrón de corte. Cuando te metes en una fabricación del textil tu beneficio real y final se basa en el *"back-ward costing"* o, dicho de otra forma, tú ya tienes cerrado el precio, tienes estipulado un margen, y lo que sigue es ver cuánto de ese margen puedes rescatar, ya que normalmente tu margen se te va en desperdicio de material.

Nos metimos de lleno en la producción sin tener un patrón de corte, creíamos que íbamos a ganar dinero y al final pasó lo contrario, perdimos dinero. En cuanto se acababan las unidades de cosido nos dimos cuenta de que nos faltaban un 30% de unidades por hacer ¡y no nos quedaba material!

Tuvimos que comprar más material y hacer más unidades. En resumen, toda una operación de pérdida por no haber cumplido bien los deberes.

Mira el siguiente video donde te muestro la segunda lección aprendida.:

Y por último esto pasó en el 2016, es la operación más difícil que he asumido en mi vida, no la de más cuantía, pero si la de mayor estrés. Hablamos de 6 meses de estrés donde acabé perdiendo al cliente una vez finalizada la operación. El único consuelo entre comillas (consuelo de tonto) es que por lo menos le pude solventar el tema al cliente.

Fuimos a visitar al proveedor antes de hacer el pedido y nos enseñó una fábrica donde iba a producir, después se nota que se arrepintió de ese precio y no tuvo la valentía de decírnoslo. Se le abrió la carta de crédito y cuando fuimos la primera vez a inspeccionar la llegada de materiales, nos dimos cuenta de que la fábrica a la que teníamos que ir era otra totalmente diferente. Había decidido subcontratar la producción en otro sitio.

¿Y qué ocurrió? que todo el material estaba bien, el colorido estaba bien, empezaron a cortar bien. Pero claro, antes había planificado que tendría 40 trabajadores en la producción y ahora en la pequeña fábrica solo había 20 trabajadores.

Y quien tiene experiencia en esto, sabe que cuando tienes que coser algo cuentas con un límite de tiempo y que, si además coses muy rápido, se te va a estropear. Claro, ahora 20 trabajadores tenían que hacer la producción de 40 en el tiempo estipulado. Te puedes imaginar los problemas.

Se tuvo que parar la producción varias veces. El fabricante canceló el pedido, no quería embarcar, lo que embarcó no quería cobrarlo a través de la carta de crédito sino en efectivo. Y el cliente literalmente "suplicando" que buscáramos alguna solución.

Más allá del negocio, esto fue una lección de vida. Y la enseñanza es que siempre intentes averiguar qué está pasando por la mente del oponente. Y me refiero a su intención y lo que de verdad le preocupa. ¿A qué le teme? Si das con esto, das con la llave mágica. Él no te lo va a decir.

Mientras nosotros creíamos que se había vuelto loco y que no nos daría la mercancía una vez pagada, mientras nosotros creíamos que nos iba a estafar, lo único que él tenía en la mente era el contrato firmado. Y tardé tres meses en darme cuenta de este dato. El único miedo que él tenía era el contrato firmado.

Se ve que no se dio cuenta de lo que había firmado. Era un contrato de por medio en el que él tenía todas las de perder, y recientemente se había comprado una casa valorada en 2millones de dólares donde él era el avalista. ¡Lo que temía era que fuéramos legalmente en su contra!

¿Y cuál era la solución? hacer un contrato nuevo, ya que el último contrato firmado es el que cuenta ante la ley. Llegado a ese punto, mi misión ya no era ganar dinero, de hecho, perdí dinero. Mi misión era "salvar" a mi cliente de la quiebra y tener la conciencia limpia de que intenté hacer todo lo que estaba en mis manos.

Y es lo que hice, se firmó un contrato nuevo donde excluíamos la vía legal, se pagó, se recibió y se le entregó la mercancía al cliente. Y el cliente dejo de trabajar con nosotros. Una pena que siempre llevare conmigo…

Mira el siguiente video donde te muestro la tercera lección aprendida.:

25. ALGO SOBRE CULTURA Y COSAS MUY IMPORTANTES PARA TU ÉXITO CON CHINA.

Este consejo lo puedes tomar como base a la hora de afrontar cualquier cultura. Lo importante es ASUMIR qué es diferente. Así sea la China, de la India, de Inglaterra; sea del país que sea. Lo que tienes que hacer es ir con la mente en blanco.

Ese tipo de cliente, que va a un país y no quiere ni probar la comida, que no quiere aceptar la cultura como es, es un cliente que lo va a pasar mal en China.

Muchas veces creemos que porque nosotros somos los clientes ellos se tienen que amoldar a nosotros, sin embargo, la realidad es otra. La realidad es que tú has ido ahí para hacer negocio; tú has ido ahí con un propósito, simplemente quieres ganar dinero y depende de ti si vas a ganar más o si vas a GANAR MENOS y al final el ser humano es solo eso, un ser humano.

Y el ser humano lo que busca son relaciones. Diferentes clases de amistad, respeto y relaciones de entendimiento porque a todos nos gusta que alguien venga y nos respete. Vayamos al hogar. A todos nos gusta que cuando estamos en casa y tenemos la costumbre de estar sin zapatos, que el que venga a nuestra casa se quite los zapatos también. Es un ejemplo muy simple. Lo que quiero transmitir es que precisamente lo mismo ocurre en el país al que vas.

Yo tengo clientes que han entrado a China y lo pasan muy mal. No quieren comer comida china y siempre están esperando ir al hotel a comer una hamburguesa. No han querido probar el té, ni el agua. Hablamos de cosas embotelladas. No se quieren ir en tren, quieren ir en avión. Al final lo que le estás diciendo al chino, que es tu proveedor, es que es una relación estrictamente de negocio.

¿Te imaginas tú lo que está pensando el chino? Seguramente, "perfecto usted ha venido aquí para comprar y estoy aquí para aprender. Ahora cuando tenga un mejor precio o exista una oportunidad de que usted pueda ganar más dinero, seguramente será la última persona a la que se le ofrezca porque no se molestó en ser mi amigo".

Por eso yo recomiendo a todos los clientes que antes de ir a China, lean un poco. El chino al final es una persona muy servicial. Tiene sus costumbres, le gusta la comida, ser cuadriculado; le gusta beber cerveza, le gusta el karaoke, pero, ante todo, lo que le gusta es que le trates de como a un igual y, por tanto, cuando vayas a una fábrica o estés hablando con un chino, no le trates como si tú fueras "el rey del mambo".

En los años 80 y los años 90 era todo diferente, pero ninguno sabía inglés, sólo conocían el chino. Hoy en día la gran mayoría de los hijos de los fabricantes han estudiado en Estados Unidos en las mejores universidades, que, por cierto, te cuestan cien mil dólares al año y son gente que conocen más del mundo occidental que tú probablemente. Cuando vas de "chulo" lo único que vas a conseguir es que no te vendan o, por lo contrario, que lo hagan en sus condiciones.

Nosotros en China pasamos mucho tiempo simplemente haciendo relaciones comerciales, porque también sabemos de las posibles limitaciones de los chinos y de las fábricas. Claro, si mañana tienen una oportunidad, ¿a quién se le van a ofrecer?, a su amigo de agentedecomprasenchina.com.

También voy a decir una verdad. No todos los chinos son malos; hay muchos buenos, grandes y pequeños; hay estafadores como en cualquier país y cultura.

Si tienes que tener claro algo, es que para ellos hay cosas que no son tan "blanco y negro" como la podrían ser el mundo occidental, para ellos existe el gris. ¿Qué quiero decir con esto?

Que cuando tú le marcas la calidad, tienes que especificar. Para ellos, en su cultura, el conflicto no existe, o digamos que no les gusta el conflicto porque ellos nunca te van a decir lo que están pensando. Es un tema que viene de hace unos 5000 años. Por eso son genios en negociación y en el arte de estar en silencio, porque no te van a decir en la cara. Es tu trabajo averiguar qué está pasando por esa mente y decirles a ellos lo que quieres, así como es tu trabajo averiguar las limitaciones porque no te las va a contar.

ANEXO 1. LISTADO DE VIDEOS Y RECURSOS.

CAPITULO	TITULO	CODIGO
1	confianza en china	

2	precio objetivo	

3   seleccionar fabricante
     correcto

3   seleccionar fabricante
     correcto 2

3   plantilla preguntas
     claves

3   zonas de producción

3   mapa zonas producción

3   seleccionar fabricante
correcto 3

3   clave practica
      negociación

4   mejor hablar con jefe o
      comercial

4   errores de
     comunicación comunes

5   4 pasos para verificar el
     fabricante

7   como validar la
    experiencia del
    proveedor

8   que tienen que ver
    pizzas con el % defectos

9   como ahorrar en envió

9   ejemplo factura
comercial

10   igual no es similar

10   plantilla contrato de compras

11   video arbitraje

12   ejemplo LC carta de
        crédito

13   ejemplo calendario
producción

14   ventaja comprar fob 1

14 ventaja comprar fob 2

14 cuando cif es mejor

14   calcular costo de
        importación

14   plantilla automática
        calculo costes
        importación

20   trazabilidad y certeza a
la hora de reclamar

21   los 5 puntos mas
importantes del BL

22   plantilla de
        inspecciones

23   truco cuando se visita
        fabrica

24   3 errores y 3 lecciones

24   3 errores y 3 lecciones 2

24   3 errores y 3 lecciones 3

ANEXO 2. SOBRE MANOJ.

"Hola, soy Manoj Shivnani, y soy de origen hindú. Me crie en Málaga (la costa del sol en España) y tengo un SUPER PODER. El súper poder de hacerte sentir que todo va a ir bien (eso es lo que dicen mis clientes DE MI ☺ .)"

Puede que YA sepas de mi,

Que monte mi primera empresa en Hong Kong con tan solo 24 años en el año 1997, y desde entonces llevo aprendiendo, liderando y ayudando a clientes de varios países a ganar mas, y comprar mejor de china.

Que desde www.agentedecomprasenchina.com damos servicios personalizados y customizados a clientes primordialmente de habla hispana, para que puedan ganar mas comprando mejor. Y además somos de las pocas empresas que da garantías sobre los trabajos efectuados.

Que además tengo mi socio en Hong Kong y 2 oficinas en China, lo cual me permite estar mas tiempo ubicado en España dando un servicio mas cercano por motivos de horarios al cliente Español, Africano y de Latinoamérica. El hecho de que llevamos trabajando online y a distancia desde 2010 significa que no tengo que porque estar "atado" a un sitio.

El hecho de que mi equipo lleva conmigo desde tantos años, significa que ya no hago falta para el día a día, por lo que suelo intervenir en los principios y en los finales de cada proyecto.

Puedes encontrar mas información en,

Nuestra WEB:

Google Site:

Facebook:

YouTube:

Twitter:

Animo y **UNETE al GRUPO PRIVADO** en Facebook donde compartimos trucos, ideas, y consejos que te pueden ayudar a ganar mas dinero en tus compras. Además, hacemos FB LIVE a menudo donde puedes hacer las preguntas que mas te inquietan sobre la importación y exportación.

¿Te imaginas, verme LIVE y preguntarme cualquier cosa, y encima a coste ZERO? ¡Esto es algo por lo que cobro hasta 190 euros en mis sesiones de coaching de negocios! Únete en

¿Quieres Mas? Escucha y sigue nuestro **PODCAST** en

Esto SEGURO que NO sabes de mi,

Que soy licenciado en Económicas y he cursado el Posgrado en Derecho de Arbitraje. Que soy Máster Coach en programación neurolingüística y Practitioner Coach en Eneagrama.

Que además dedico parte de mi tiempo semanal a mi pasión, que es la de enseñar técnicas para que tengas mas confianza, mas tiempo, cada día (de hecho, es el titulo de mi próximo libro que se publicara a mediados de 2021).

Y esto lo hago mediante mis sesiones de coaching privadas 1-1, mis E-cursos formativos, y mediante la asociación con Mind Matrix Wellness Studio de la India donde promovemos cursos globales en autoestima, auto confianza, y técnicas para el control emocional.

Te **animo** a que me sigas en los diferentes canales **(en ingles)** donde doy consejos, tips, y soluciones para tener mas confianza, mas tiempo, cada día:

FB group:

YouTube:

Twitter:

¿Quieres mas?, ¿Sesiones de coaching 1-1, formación grupal, mentorizacion, presentaciones, descuentos, y mucho mas? Visita la Web y apúntate al boletín en:

¿Algo mas? Escríbeme,

Sobre negocios / china: info@agentedecomprasenchina.com

Sobre formación / coaching: web@manojshivnani.com

Y antes de irme un mensaje **especial** de agradecimiento solo **para ti**:

$$$ FIN Y GRACIAS $$$

Pd: le he dedicado casi 2 años de mi vida a este libro. En este mundo en el que vivimos, entiendo y acepto que las copias de este libro serán inevitables.

Si vas a hacer copias, y/o reenviarlo, y/o hacerlo post como tuyo, lo único que pido es que me menciones.

El Karma esta ahí. Lo que haces por los demás, los demás harán por ti.

www.agentedecomprasenchina.com

www.manojshivnani.com

AHORA SI, DE VERDAD, ME VOY.

GRACIAS